El cobro y su gestión estratégica

EL COBRO
Y SU GESTIÓN ESTRATÉGICA

Manual educativo y profesional

Itzel Miranda

ISBN: 9798836978723

Edición y corrección: Letropía

Diseño de cubierta y maquetación: Nerea Pérez Expósito, Imagina Designs

A Dios, por mostrarme siempre el camino y darme la fortaleza.

Dedicado a todas aquellas personas que buscan mejorar su perfil profesional a través del conocimiento y que, además, se comprometen con enseñar a otros.

El sabio oirá y crecerá en conocimiento,
y el inteligente adquirirá habilidad.
[Proverbios 1:5. Biblia]

ÍNDICE

INTRODUCCIÓN

Los profesionales de la cobranza nos enfrentamos a un reto que consiste en cumplir con las metas y objetivos cada mes, el cual también trae consigo una oportunidad para hacer cambios que generen impactos internos y externos, siempre que nos permitamos observar detenidamente el proceso.

El éxito del plan estratégico para cobros estará garantizado si consideramos dentro del mismo que los actores tienen un perfil único de comunicación y de respuesta.

Este negocio tiene dos aristas para el éxito: los datos y las personas (tanto los clientes como el equipo de trabajo de cobros).

Las personas toman decisiones basadas en las emociones. Si cualquiera de las partes —cliente y asesor— están desmotivadas o molestas, el proceso se verá perjudicado. En ese caso el cobrador deberá trabajar en la parte emocional del cliente con el que está negociando. No vale señalarle al cliente que esta errado por su posición emocional negativa. La ruta idónea es tener paciencia y buscar conciliar, al denotar interés por apoyarle en buscar alternativas y hacerle sentir que su caso le interesa.

Cada persona que forma parte de un equipo debe participar de forma activa en el manejo de los indicadores, y también ser proactivo al proponer soluciones o acciones estratégicas.

Para los líderes es importante saber gestionar las habilidades de cada persona del equipo, en pro del desarrollo y de la creatividad.

Es necesario involucrar a todos, y es compromiso de todos no permitir que nadie quede al margen o se separe del propósito.

Todos deben ser partícipes del mejoramiento propio, y para ello el líder debe darles un propósito dentro de la organización, a través de un proyecto, para ver sus destrezas y potenciarlas.

Se habla de emprendimientos, pero también un cobrador con experiencia y habilidades puede hacer un intraemprendimiento, es decir, dentro de la empresa para la cual labore; aun con mayor razón si cuenta con beneficios o compensaciones.

En una empresa de cobros podemos observar muchos planes, análisis de datos y estrategias; sin embargo, muchas veces se descuida la parte más importante del proceso: el capital humano.

La forma de cuidar que el personal haga una buena gestión es capacitarlos y darles seguimiento para orientarlos o redireccionarlos. El líder de un equipo de cobros debe ser una herramienta de apoyo, guía y orientación.

Ahora bien, las cobranzas y sus estrategias están presentes tanto en la vida personal como en la empresarial, y hay que hacerlo de forma asertiva.

El trabajo en equipo y el conocimiento serán factores determinantes en el éxito y en el logro de los objetivos propuestos; aunados a la comunicación, inteligencia emocional y la neurocobranza. Todo ello con el objetivo de recuperar el dinero invertido en el crédito.

Con los nuevos retos y con el incremento de la competitividad es importante ir innovando, no solo con equipos tecnológicos, sino también con estrategias basadas en la gestión del talento de las personas que están dentro del equipo, entendiendo la innovación de las estrategias fundamentadas en la comunicación y, a su vez, comprendiendo que tenemos un deudor más empoderado en cuanto a sus derechos, escudado en la situación postpandémica. Compaginando esto, debemos direccionar al equipo para que el cobro no afecte, de manera negativa, a la marca, sino más bien que el servicio brindado a través de la cobranza nos ayude a que los clientes se fidelicen.

Por lo cual podemos determinar que el servicio, la comunicación y la capacitación del equipo de cobros, son fundamentales.

Este es el objetivo principal de este libro: educar y cambiar los paradigmas enfocados a las buenas relaciones humanas, aplicados en un área que siempre se ha tenido como un escenario un tanto áspero o difícil.

CAPÍTULO 1. EL COBRO EN LA ACTUALIDAD

El crédito ha permitido que las personas que no puedan pagar de inmediato un bien o servicio tengan la posibilidad de adquirirlo. Es una herramienta de solución o posibilidades, y que ha permitido mover la economía. Existen diversos productos o servicios que pueden ofrecerse a crédito: financieros como lo son préstamos personales; préstamos de auto e hipotecarios; las líneas de crédito ofrecidas a través de tarjetas; líneas de crédito para obtener un producto en particular, como celulares, zapatos, mercancías, y líneas de crédito para servicios, como es el caso de la telefonía.

El éxito del cobro está en insistir al deudor dirigiéndose a él con un lenguaje amable y de servicio.

El cobro es un proceso muy dinámico y debe analizarse de principio a fin durante cada mes. En la práctica se vuelve un procedimiento rutinario, inconveniente que debemos evitar gracias a la sinergia de los integrantes, con creatividad y propuestas estratégicas, siempre considerando el servicio que, además, creará un valor agregado. No se puede caer en la inercia y mucho menos perder el foco del objetivo.

La creatividad y la estrategia deben ir de la mano para no caer en la rutina, evitando perder de vista los indicadores que nos alertan de posibles riesgos. Y también deben ser utilizadas como acicates para crear opciones o acciones que nos lleven a cumplir con los objetivos propuestos.

Durante esta pandemia, hemos presenciado un alto tráfico de información en los modelos de cobros, estrategias, planes, análisis más eficientes y herramientas tecnológicas.

Las empresas de cobranza se enfrentan a retos y metas cada vez más complejos, debido al escenario que ha propuesto la crisis sanitaria.

Ante estos cambios, frente a la competencia por ese dólar que posee el cliente para pagarnos y que debemos compartir con otros acreedores, tenemos también que manejarnos con inteligencia emocional, debido a las circunstancias sensitivas que se agravan con la falta de ingresos o por la compleja situación económica de nuestros clientes.

Siempre se ha observado, y se ha puesto de manifiesto con mayor intensidad en la actualidad con la pandemia, el establecimiento de necesidades vitales:

1. Lograr que las empresas soporten la falta de los pagos en los compromisos de los clientes y se sostengan con la recuperación del valor de la inversión en el crédito.
2. Manejar los procesos de cobranza con las flexibilidades que los gobiernos y la sociedad requieren.
3. Alcanzar acuerdos, con buena atención, y mantener una referencia positiva de la organización en la percepción de cada uno de los clientes.

Pero, también, estas circunstancias deben entenderse como una oportunidad en la que no solo la tecnología brindará ayuda, sino que se deben atender varios factores, entre ellos, el capital humano, que es el que afrontará esta situación.

El cobro no debe ser entendido como una negociación fría e impositiva entre el cobrador y el deudor; no debe atenuarse al ser definida como una simple transacción, sino que debe ser posicionada como una relación entre dos personas que llegan a un acuerdo y pactan un compromiso. Tanto por parte del deudor a través del cumplimiento de los pagos, como por parte del acreedor al mantener los beneficios brindados en el acuerdo.

Al tener esta visión, entenderemos que para ser exitosos en la cobranza debemos ir más allá de la parte técnica y considerar dentro del axioma el vínculo emocional para lograr el arreglo de pago.

En el área de ventas han fomentado la visión clara de que es importante tener una comunicación asertiva con cada cliente, creando experiencias positivas de servicio, lo que los ha llevado a desarrollar nuevas estrategias y a innovar para posicionarse.

Todo esto basado en entender las conductas, al prever las decisiones de los clientes y al comprender sus sistemas representacionales. El cliente es una persona que requiere una buena atención y en cobros también es posible hacerlo; es vital entender a cada uno de los deudores.

La cobranza no puede ser prefabricada ni debe utilizar un mismo esquema para negociar o comunicarse con el cliente, porque cada uno tiene sus propias características, conductas, formas de reaccionar y perspectivas. Es un error querer estandarizar la negociación. Como tampoco se puede estandarizar la forma en como guiamos al equipo de trabajo.

En ventas se utilizan técnicas basadas en la conexión de las emociones, del cerebro, de las creencias y de su motivación para que se adquiera un producto. De cómo crear una comunicación empática entre vendedor y comprador aplicándose el neuromarketing.

En cobros estas técnicas también pueden ser utilizadas. No se puede seguir cobrando a los clientes desde una posición unidireccional que raya en la imposición de reglas, normas o políticas, únicamente.

Con esto no se establece que se deba ser flexible con el deudor. Solo que se desarrollen vías que aseguren el cumplimiento de los objetivos, mes a mes.

PUNTOS IMPORTANTES

1. El cobro es un proceso que debe ser medido, evaluado y gestionado diariamente para obtener una mejora de beneficios y prevención de errores.

2. La negociación de cobros debe considerar la parte humana del equipo de trabajo, así como al cliente.

3. La capacitación técnica, el fomento de las habilidades blandas como la inteligencia emocional y la escucha activa, entre otros, llevarán al equipo al cumplimiento de su objetivo.

4. Si se le da la importancia a la comunicación con cada cliente se lograrán más acuerdos de pagos.

CAPÍTULO 2.
FACTORES A CONSIDERAR EN LA PLANEACIÓN OPERATIVA

«No planear es planificar el fracaso».
Alan Lakein

Existen cinco integrantes en el escenario de la cobranza que deben ser considerados en la operación y gestión:

1. La estrategia.
2. El gestor de cobros.
3. Los datos demográficos para localizar al cliente.
4. El cliente.
5. El análisis de los datos para calibrarlos (y no solo por parte de los líderes, sino que todo el equipo debiera estudiarlos, día a día).

Todos estos elementos deben ser valorados, de forma equilibrada, al crear un plan para lograr la meta propuesta. Es decir, una estrategia que integre acciones para cada uno.

Si alguno de ellos no es considerado como un protagonista dentro del plan, el mismo fallará.

El cobro es estratégico y debemos ir viendo el proceso de la siguiente forma, después de que hayamos capacitado al personal:

Lo primero que debemos comprender es la parte humana de nuestros clientes. En este momento, y durante al menos dos años más, las personas estarán sensibles, por lo cual el *script* de cobros (el guion para negociar con el cliente) será una herramienta vital.

No podemos ser ajenos a que las personas tienen emociones, además de un sistema de creencias, y que reaccionan por ellas.

Debemos considerar el factor emocional tanto dentro como fuera del proceso de cobros.

También tener en cuenta que cada persona responderá y atenderá desde su perspectiva individual y personal, por lo cual el gestor de cobros debe estar preparado para ello y para llevar una negociación asertiva.

En tiempos pasados, el que tenía una deuda sentía una carga pesada si no poseía los medios para afrontarla, y le temía al escarnio público si se les cobraba frente a personas ajenas a su situación. La exposición fue una práctica muy común. Y, a su vez, el cobrador utilizaba muchas veces elementos persuasivos cuestionables para lograr el pago: la amenaza, la exposición de la persona, etc. Esto no aplica en la actualidad. Muy por el contrario, impactaría de manera doblemente negativa a la organización: no cumplir con la meta de cobros y crear una mala imagen de la empresa.

Inclusive, se ha trabajado a lo interno de la organización, con una presión sobre el personal de cobranza para lograr la meta, limitando las capacitaciones a la parte técnica (políticas, normas), reclamando un exceso de puntos o requerimientos por cumplir; sin darle la importancia debida a la capacitación para gestionar los distintos tipos de reacciones que tendrán los clientes al realizar la gestión de cobros. Sin considerar que nuestras decisiones son tomadas por nuestras emociones (desde el cliente hasta el cobrador y demás integrantes del proceso).

Todo eso incide tanto en el cliente como en el asesor o el servidor de la cobranza. Es determinante el crear un escenario apropiado para el arte de la cobranza; donde las personas negocien y queden satisfechos con los resultados.

Aquí la clave es la comunicación y el servicio. Los cobradores son servidores que tienen como objetivo lograr una negociación con un cliente que, por una situación ajena o por decisión propia, ha dejado de cumplir. Y, obviamente sin tomar nada a personal, ni la reacción ni la predisposición negativa que pueda tener cada deudor.

Nos debemos al cliente y es preciso orientarle hacia el propio objetivo, que es la recuperación.

Si el servidor del cobro decide tener una posición avasallante, en el mejor de los casos puede que logre un acuerdo muy mínimo, que no impactará significativamente en los resultados, o en el desempeño, que tampoco será sostenible en el tiempo.

El servidor del cobro debe ser consciente de que está en la posición privilegiada y ha de evitar caer ante una provocación por parte del cliente. Se trata de una reacción natural, de autodefensa, por lo que es muy notable, y de mayor motivación, lograr que un cliente así se comprometa y pague.

Es seguro que se recordará más a los clientes que han sido difíciles y con los que se ha logrado concretar algún acuerdo, que a aquellos que dejamos pasar o con los que se logra un convenio fácilmente.

Es muy importante que el cliente mantenga una buena imagen de la empresa y se sienta comprometido, con voluntad para pagar, y que, a su vez, el servidor del cobro realice una negociación con gestión positiva para la meta, pero también para mantener a la empresa como un referente de servicio.

Actualmente, debemos posicionar nuestra empresa a través de la imagen de la buena disposición al negociar con el cliente, de servir, en vez de escudarla en la naturaleza del área: el cobro. Esto es solo cuestión de cambiar la perspectiva de los colaboradores y que ellos eleven la forma de comunicarse con el cliente, con escucha activa, inteligencia emocional, empatía, respeto, ecuanimidad en lo que refieran, a través del lenguaje verbal y el no verbal. Siempre proponiendo vías de negociación que sean aceptables para ambas partes.

No es fácil, pero si en ventas logran crear la necesidad de un producto, también podemos crear la necesidad de la responsabilidad. Conformamos una sociedad particularmente sensible en la que necesitamos ser aceptados. Entonces, busquemos que el cliente nos acepte. Lo podemos conseguir, como ya hemos dicho, con la comunicación.

PUNTOS IMPORTANTES

1. Se debe crear un plan integral en cobranza que no solo considere la técnica, sino también la parte humana y la comunicación.

2. Cada elemento es importante dentro del diseño del plan.

3. Hay que tener en cuenta que cada cliente (y cada servidor de la cobranza) es una persona con una perspectiva propia, circunstancia que debe aprovecharse para establecer un puente y lograr una negociación o acuerdo positivo.

4. La comunicación y el servicio son la clave para crear un buen sistema de cobranza.

5. Vivimos actualmente en un mundo en el cual nos gusta que nos acepten, entonces ofrezcámosle eso al cliente. El agradecimiento por su voluntad de pago.

CAPÍTULO 3. CREAR UN PUENTE ENTRE EL PROFESIONAL DE LA COBRANZA Y EL CLIENTE. EL ARTE DE LA NEUROCOBRANZA

«Si cuidas de tus empleados, ellos cuidarán de tus clientes».
Richard Branson

La gestión tradicional con la que se trabajaba para el cobro se realizaba de una forma subyugante, exigiendo al deudor el abono o cancelación del monto que se le había acreditado. Esta era la manera natural de proceder a lo interno, pero que causaba mala impresión en el deudor.

Si el deudor se sentía insatisfecho o molesto, generaba una situación que no permeaba en la necesidad de mejora de la imagen de la empresa o, más bien, no era determinante para querer dar calidad en la propuesta de negociación.

Muchos cobradores crecieron con esa forma de exigir, en la que se tenía una conversación unidireccional e impersonal con el cliente.

Pero con el tiempo y con estudios acerca de los efectos positivos de considerar el factor emocional al relacionarnos, se ha visto que el cobro no puede ser de esta forma. Esta forma atávica no es estratégica.

Debemos respetar la individualidad de cada persona, y comprender que cada uno tiene su propio sistema de creencias, de representaciones, de inteligencias, y que sus conductas y acciones estarán determinadas por estos factores.

Antes de entrar en la neurocobranza debemos valorar conceptos y teorías, tales como:

- Las PNL.
- Los sistemas representacionales de cada persona.
- Las generaciones y sus propias perspectivas.
- Las distintas inteligencias que posee cada persona.
- El cerebro triuno.

En ventas y en marketing se ha avanzado mucho en este sentido para lograr crear un vínculo con los clientes. Entonces, ¿por qué no se puede lograr en cobros?

Nuestras estrategias no deben quedarse atrás o aisladas de la parte humana, por el contrario, es importante innovar.

Y la innovación no parte de entregar una segmentación de cuentas, de tener herramientas tecnológicas o de contratar un mejor profesional de la cobranza, sea líder o gestor de cobros.

La innovación parte de capacitar y fortalecer al equipo de trabajo para entender a cada individuo interno o externo que forma parte del proceso, lo que nos redituará en tener confianza en todas y cada una de las tareas, así como crear esa confianza en los clientes. Que el gestor de cobros logre tener la capacidad de conectar con la emoción del cliente.

Ventas no es el único departamento que debe cuidar la imagen de la marca. El área de cobros también debe tener una participación activa de este compromiso.

Vivimos en la época donde a todos nos gusta que nos respeten nuestra individualidad y en la que nos «gusta gustar».

La palabra «gracias» es importante y conlleva esa aceptación intrínseca.

Todo lo que nos sirva para crear un vínculo entre el cobrador y el deudor debe ser considerado dentro del plan y del proceso.

Nos esforzamos muchas veces por establecer planes muy elaborados, analizamos los datos para establecer estrategias; pero lo básico es crear un puente comunicativo. Es importante crear un plan completo donde se involucre la calidad en la gestión, la comunicación y la disposición.

Tanto el servidor del cobro como el deudor poseen un perfil individual de conducta y hay que descubrir cómo crear un puente entre ellos. El primer paso para ello es crear confianza a través de las palabras adecuadas. Luego, utilizar la motivación y la voluntad del servidor del cobro por mostrar servicio y calidad humana. Esto puede ser un escenario muy complejo, pero debe ser estudiado.

Para esto debemos remontarnos a las investigaciones científicas que se han hecho de la conducta humana y de cómo sus emociones influyen en sus acciones y decisiones. Cada una nos brinda una técnica para lograr influenciar a la persona, o para motivarles a dar una apertura o la oportunidad de ofrecerles un servicio de cobros y que se recupere la inversión de la empresa.

Reitero: el proceso de cobranza es un escenario puro de relaciones humanas y de comunicación. No se puede establecer un plan solo considerando instrumentos fríos como los canales alternos, el establecimiento de una meta y la capacitación uniforme de la gestión de cobranza al equipo.

Esto sería como usar una sola medicina para todo lo que aqueje a una persona, sea emocional o físico. Es completamente absurdo.

Desde la antigüedad hasta la actualidad, se han referenciado posturas, ideas y filosofías acerca del ser humano, sus conductas, comportamientos, métodos de aprendizaje; su forma de razonar, de forma de actuar y de su conciencia.

Debido a lo complejo de la conducta humana y su reacción ante situaciones, o a lo que percibe, se han de mencionar diversas teorías que serán de utilidad para entender la relevancia en el proceso de cobros. Y, también de cómo utilizarlas para convertirlas en herramientas estratégicas para lograr una comunicación y que incida en una negociación efectiva.

Desde el siglo xix, y más concretamente tras la publicación de El *origen de las especies* de Charles Darwin, se viene estudiando la evolución del cerebro humano. Desde entonces se han postulado diferentes teorías acerca de esta.

Conviene mencionar aquí la Teoría del cerebro triuno o más conocida como la Teoría de los tres cerebros de Paul McLean, médico norteamericano y neurocientífico interesado precisamente en las emociones y la conducta humana. Este interés le llevó a presentar su teoría en su libro *The Triune Brain in Evolution* (1990), una hipótesis de cómo está compuesto nuestro cerebro por tres capas que han evolucionado. Estas capas las relacionaba con distintas etapas evolutivas: el cerebro reptiliano, el más primitivo de todos; el cerebro límbico, el que es el emocional; y el neocórtex, el más evolucionado y racional.

En palabras sencillas podemos observar que estas tres capas nos darán diversas posturas frente a una situación:

El cerebro reptiliano se desarrolló hace 500 millones de años. Es esta área del cerebro la que nos lleva a reaccionar de forma impulsiva. Representa los impulsos primarios e instintivos; en ella está la programación para la supervivencia del individuo.

El cerebro límbico fue desarrollado hace 150 millones de años. En él encontramos lo emocional y sentimental, es la parte que controla nuestra forma de expresarnos y de relacionarnos.

En el neocórtex el cerebro racional, el que piensa, es el responsable de que podamos aprender, el que nos ayuda con el lenguaje. Es la parte de la lógica, la que analiza y planifica.

Cada uno tiene una posición que pugna dentro de nosotros y, por ende, debemos equilibrarlos.

El cobrador debe encargarse de lograr que el reptiliano no intervenga, que el límbico se sienta a gusto con la negociación y que el neocórtex vea justo y aceptable el acuerdo.

Vivimos en una sociedad de individuos con personalidades propias que se interrelacionan entre sí.

Nuestra mente determina nuestras acciones influenciadas por nuestras emociones, y estas emociones están a su vez influenciadas por nuestras experiencias, aprendizajes y por un juicio fuertemente arraigado llamado creencias.

Y por tradición, nuestra creencia es que el cobrador es un ente negativo del cual debemos defendernos. Es aquí donde se encuadra el término denominado «paradigma».

Por ende, al levantar el teléfono y escuchar a un cobrador, nuestro cerebro reptiliano entrará en acción. La persona adoptará una actitud de defensa y el gestor de cobros, al percibir esto, desarrollará también una posición igual. Lo bueno sería que ambas partes en lugar de crear defensas, o sistemas emocionales de alerta y huida, pudiesen tener disposición para el acuerdo. Debemos crear la imagen de una empresa que proponga soluciones a la situación crediticia del cliente y que además le ofrezca una buena atención.

Diez segundos antes de tomar conciencia, el cerebro del cliente inconscientemente adopta una actitud defensiva frente a este cobrador, que invade su economía y presupuesto familiar.

Ahora vamos a pasar a los años 70, cuando Richard Bandler, especialista de la informática, y John Grinder, profesor de lingüística en la Universidad de Santa Cruz (California), realizaron estudios que dieron como resultado un modelo que nos hace entender el comportamiento humano, y además nos da información sobre cómo prever su forma de reaccionar, utilizando patrones específicos, lo que beneficia la comunicación.

Esto nos permite desenvolvernos en distintos aspectos de nuestra vida personal, de liderazgo, educativa y profesional (ventas, administrativos, cobros, etc.).

Con la programación neurolingüística se puede tener una visión clara de cómo actuar frente a determinadas personas y situaciones desde una posición positiva, lejos del conflicto.

Es decir, de forma sencilla se podría moldear una conversación que dé como resultado una relación sana. Unificando el proceso neurológico del individuo y el lenguaje estructurado.

De acuerdo a la psicología, todos tenemos un sistema de representación del mundo, de las emociones, y una forma de aprender a través de tres dimensiones: la kinestésica, la visual y la auditiva. Tenemos las tres, pero una va a predominar sobre las otras.

Entonces, en la cobranza, si un deudor es auditivo, por más que le mostremos un sistema de pago, querrá escuchar los beneficios.

Por ejemplo, durante la pandemia, no poder interactuar con el negociador representó una situación más compleja para las personas kinestésicas.

El servidor del cobro debe detectar prontamente en la negociación qué sistema de representación tiene el deudor para poder crear una comunicación asertiva.

El servidor del cobro no puede ponerse intransigente porque quiere negociar de forma estandarizada y sustentar su posición en que clientes anteriores atendieron su gestión y la aceptaron, o la frase clásica de «siempre se ha hecho así». Es completamente obtusa esta posición.

Hasta aquí vamos viendo la complejidad de las relaciones humanas y por qué debemos interesarnos en ellas.

La necesidad de aprender y poner en práctica la disposición y escucha activa denotará respeto y creará confianza.

Actualmente, vivimos en una sociedad donde cada individuo necesita y debe ser respetado desde su perfil único, tanto en los negocios como a nivel personal.

Podemos entender que existen diferentes generaciones con sistemas de comunicación propios, y hemos visto pugnas entre individuos de cada generación por establecer cuáles son los mejores en sus sistemas de representación de la vida, del mundo o de las personas. Una diferencia que puede traer más paradigmas que soluciones para quienes permanezcan en esta posición.

Nuevamente, la comunicación y la voluntad de crear vínculos sanos y asertivos resuelven estas diferencias. Diferencias reales que deben ser consideradas.

Primero, veamos cuáles son estas generaciones que interactúan entre sí, y cuáles son sus prioridades:

- Generación silenciosa: Nacidos entre 1928 y 1945, cuya prioridad es la familia.
- Generación *baby*: Nacidos entre 1946 y 1964, cuya prioridad es su familia, pero también tienen su enfoque en los logros personales y laborales.
- Generación X: Nacidos entre 1965 y 1980. Obsesionados por el éxito. Son personas que se molestan si les llaman a sus trabajos para cobrarles, se pueden utilizar las llamadas como medio y son comprometidos en sus acuerdos si

se les ofrece una condonación. Se preocupan en mantener una buena referencia crediticia o que no se llamen a los garantes o codeudores.

- Generación Y (*millenials*): Nacidos entre 1981 y 1996. Son inconformistas. La cobranza debe hacerse con un *script* corto, utilizando canales actuales, como por ejemplo WhatsApp, y se les ofrecen negociaciones y vías tecnológicas para pagar.
- Generación Z: Nacidos entre 1996 y 2012, son nativos digitales. La cobranza también debe hacerse con un *script* corto, utilizando canales como el WhatsApp, se iguala el trato con el de los *millenials*.

Se pueden utilizar los estados de WhatsApp como herramientas de cobros. También se les ofrece la información de cobros a través de la web y de *chatboots*. La negociación debe ser conciliadora.

Generación Alfa: Nacidos entre 2012 y 2025, son individuos completamente automatizados.

En las generaciones más recientes podemos tener cobradores que pertenezcan a ellas para hacer los acuerdos.

Todo esto no debemos verlo desde la perspectiva de atender a los clientes, sino que también debe ser una propuesta de gestionar lo interno, nuestros equipos de trabajo.

Resulta interesante analizar qué tipo de comunicación, tanto para líderes como para los equipos de cobranza, así como en la negociación con el deudor, podemos utilizar para lograr los objetivos y los acuerdos de pagos.

Otro factor a considerar es la diferente comunicación para hombres y mujeres.

Las mujeres son más expresivas al comunicarse y utilizan más palabras y, por ende, quieren conocer todo acerca de la deuda y su forma de pagarla. Mientras que el hombre responderá mejor ante una negociación corta.

Se hace la aclaración, aunque no por ello se debe generalizar, por el contrario, queremos evitar las afirmaciones universales y resaltamos que cada persona es única y eso debe ser respetado.

Los patrones de conversación son distintos entre cada individuo. Y debemos tolerar la forma de ser, actuar y razonar de nuestros deudores, y también de nuestro talento humano.

Si buscamos una buena razón para aplicar estos conocimientos en el área de cobros, es tan simple como querer crear una marca de nuestra empresa que sea empática y generar una buena referencia positiva de nuestro proceso.

El proceso de cobros no se inicia cuando la cuenta entra en mora. El proceso de cobros se inicia desde que se otorga el crédito.

Es decir, al dar el crédito es determinante que al deudor se le explique todo lo concerniente a los beneficios de pagar a tiempo, explicándole los cargos por mora y las desventajas de no pagar a tiempo. Es imperativo dar respuesta a preguntas que él tenga, y establecer los primeros pasos de responsabilidad para mantener sana la cartera. Referenciando que para nosotros es importante desde el primer momento del otorgamiento del crédito.

Además, podemos establecer que la labor de cobranza no termina cuando nos cancelan la cuenta. El cobrador debe asegurarse de darle los documentos del cierre de la cuenta (cartas de cancelación, actualizaciones de referencias crediticias) y explicarle todo el proceso al cliente. Recordemos que a futuro podrá ser un cliente nuevamente o bien un referente de cómo la empresa trata a sus clientes.

El cliente puede tener un comportamiento negativo, pero esto no le da licencia al servidor de cobros para actuar de la misma forma, muy por el contrario, dentro de la empresa la comunicación siempre debe estar enfocada hacia el servicio. Entonces, es importante que el servidor del cobro tenga disposición. Porque reiteramos que el cobrador ofrece un servicio.

Dentro de las teorías cognitivas, y de diversas investigaciones, nos topamos con la psicología de los colores y cómo esta influye en las emociones de las personas.

Cuando se diseña un área u oficina para la atención de cobranza debemos considerar ciertos elementos, uno de ellos es la utilización de los colores.

Eva Heller, socióloga, psicóloga y escritora alemana, propone que cada color tiene su propio significado y que pueden usarse para motivar alguna emoción o sentimiento en las personas. En su libro *La psicología del color* establece una relación entre los colores y nuestros sentimientos.

Los colores pueden ser una herramienta útil para aplicar en las áreas de atención al cliente y también en las áreas operativas o *call centers* de cobros.

Según Heller, estos son los principales significados de algunos colores que servirían de referencia en las áreas de cobranza y de atención al cliente:

El azul trasmite empatía, calidez y confianza.

El amarillo, combinado con otros colores, puede trasmitir optimismo y alegría, es el preferido de las personas mayores.

El negro es el favorito de los jóvenes, les parece un color elegante y misterioso, pero causa un efecto adverso en las personas mayores.

También podemos generar una motivación extra añadiendo música a las áreas de cobros. La música estimula al ser humano; existe una relación entre los latidos y el ritmo.

Facundo Manes, neurólogo y neurocientífico en un artículo para *El País* argumenta:

> La música parece tener un pasado extenso, tanto o más que el lenguaje verbal. Prueba de ello son los hallazgos arqueológicos de flautas construidas con hueso de ave, cuya antigüedad se estima de 6.000 a 8.000 años, o más aun de otros instrumentos que podrían preceder al *homo sapiens*. Existen diversas teorías sobre esta coexistencia íntima con la música en la evolución. Algunas de estas se dieron porque al estudiar la respuesta del cerebro a la música, las áreas claves que se ven involucradas son las del control y la ejecución de movimientos. Una de las hipótesis postula que esta es la razón por la que se desarrolló la música: para ayudarnos a todos a movernos juntos.

Entonces, la música puede ayudarnos a movernos juntos hacia una meta. Es decir, serviría para sensibilizar al servidor de cobro o para calmar alguna situación adversa en la operación.

Todo esto apunta a que los servidores de cobros deben crear un vínculo con el cliente, promover la comunicación y no establecer un paradigma negativo, usando para ello todas las herramientas que le apoyen en este sentido.

De acuerdo con Facundo de Salterain, en las ventas se hacen propuestas para estar en el *top of heart* y no en el *top of mind*; en este mismo sentido el cobro debería seguir la misma dirección.

No podemos estar en una posición de bucle al negociar o al gestionar los clientes para lograr un acuerdo sin ver los elementos emocionales que entran en juego. Para ello se debe establecer esa empatía o confianza y, lógicamente, el primer paso para generarla debe ser por parte del cobrador.

Hemos escuchado a lo largo del tiempo cómo se ha denominado al cobrador (gestor, negociador, etc.), con el objetivo de causar un impacto positivo en la mente de los deudores y del propio gestor, pero los cambios deben implicar acciones más profundas.

Esto no se logra cambiando el nombre del oficio, sino dando prioridad al servicio y utilizando las palabras adecuadas, con empatía, con comunicación.

Sustituir el nombre del profesional del cobro por asesor, gestor, negociador, entre otros, no modificará nada si la gestión sigue siendo unidireccional e impersonal.

Se puede ser un cobrador que sea realmente bueno en atención y en recolección si logra crear el vínculo con el deudor, si establece un puente.

Podemos prever las reacciones de las personas y tener una comunicación más elevada en respeto y consideración.

Cuando observamos que una persona utiliza el mismo formato de comunicación que el nuestro enseguida se crea una apertura. Esto sucede por las neuronas espejo. Ellas nos permiten conectarnos con nuestro entorno.

Las neuronas espejo entran en funcionamiento al observar cómo actúan los demás, ellas nos permiten poder anticipar los pensamientos, las intenciones y los sentimientos de los demás.

Estamos diseñados genéticamente para avanzar, para dar pasos con los demás.

Hemos dejado para lo último la comunicación que es precisamente lo que sostiene ese avance.

Resulta interesante que el hombre aún no haya aprendido, en su totalidad, a comunicarse de manera asertiva y que estemos sujetos a las interpretaciones; lo que, evidentemente, nos afecta en nuestras relaciones.

Existe una técnica en psicología muy conocida que es el *rapport*, la cual crea una conexión de empatía con otra persona para facilitar la comunicación y no exista resistencia. Dicho de forma simplificada, conseguir que las personas estén en la misma frecuencia estableciendo una conexión verbal y no verbal.

Esta es utilizada por psicólogos, pero se está llevando a otros campos. Sería interesante su aplicación en la negociación.

En *Introducción a la Programación Neurolingüística*, Joseph O'Connor y John Seymour señalan:

> En el campo de la educación, de la terapia, del asesoramiento psicológico, en el mundo profesional, de ventas o de entrenamiento, la empatía, que en el lenguaje de la PNL se llama rapport, es esencial para crear una atmósfera de confianza y de participación en la cual las personas puedan reaccionar libremente.

Para ello, debemos tomar en cuenta el tono de voz y el contacto visual, entre otros factores.

Una herramienta en cobros muy poderosa es el tono de voz. Cuando nos referimos a tono de voz, no es para que se le otorguen cualidades frías, no es para hablar fuerte, ni trasmitir un «yo tengo la razón».

El tono de voz debe ser calmado, concreto, con diversas modulaciones que trasmitan empatía y faciliten que el cliente se sienta cómodo.

Jamás debe trasmitir apuro o desdén. Ni debe afectarse ni siquiera cuando el deudor esté alterado o en posición ofensiva. Para esto es mejor despedirnos del cliente asegurándole que el objetivo es ayudarle, pero que se hablará cuando él mismo esté más calmado.

Inclusive si se está atendiendo al cliente en la oficina, el lenguaje no verbal debe ser de apertura y de conciliación. Un cobrador con las manos cruzadas o con movimientos impacientes solo empeoraría la indisposición del deudor.

En el cobro se debe buscar una conciliación entre dos personas, donde las palabras sin interpretaciones negativas afecten la negociación. Es decir, podemos observar una interacción entre dos personas que buscan una conciliación positiva para ambas partes.

Puede pensarse que es difícil de conseguir, pero si preparamos a nuestro personal en inteligencia emocional y en comunicación asertiva, se puede lograr en gran medida, y adicional le estaremos aportando las herramientas necesarias en su crecimiento como persona.

Es un trabajo de gestión humana que bien desarrollado traerá buenos frutos y no solo en la parte económica, sino que incidirá en el clima laboral. Fidelizaremos clientes y a nuestro equipo de trabajo por añadidura.

Presionar a un gestor de cobros (asesor) o profesional de cobro a negociar, que puede encontrarse estresado o insatisfecho, sería como un arma cargada; situación negativa que solo lograría que un posible cliente que quiera pagar se convierta no solo en un cliente renuente, sino también en un enemigo de la marca. De esto hablaremos más adelante.

Las personas se mueven por emociones y, a su vez, por las características de cada generación.

Debemos considerar la forma de gestionar las emociones humanas, de dirigir al equipo de trabajo y cómo lo ponemos en práctica para cumplir con los objetivos.

Todo empieza desde la selección del personal, olvidando aquella frase de «trabajar bajo presión». Hay que buscar personal con voluntad, con compromiso, orientados a aprender y a ser colaboradores que ofrezcan soluciones. Que tengan la apertura y disposición de dejarse guiar.

Es decir, que se trabaje bajo conciencia y no bajo presión. Conciencia de querer hacer las cosas bien, de ser un colaborador que busque dar lo mejor de sí mismo.

Trabajar con personal con experiencia, bajo presión y dirigido unidireccionalmente (ya que las políticas del crédito y cobro han sido en su mayoría rígidas), en un clima de estrés, era la forma común de hacerlo anteriormente. Pero esto daba como resultado una piedra que cada vez se hacía más grande: la rotación de personal y la insatisfacción. El mundo cambió, la forma de comunicación y el liderazgo también.

Creo firmemente, después de varios tropiezos absurdos liderando desde una posición impositiva, que para poder lograr que el equipo de trabajo funcione se le debe enseñar, pero respetando y considerando los puntos de vista, ideas y razonamientos de cada uno. Y que, más allá de la experiencia, es mejor contratar personas con voluntad para crecer y aprender.

No se puede obligar a una persona a que le guste la gestión de cobros, que le guste negociar. No se puede contratar a una persona solo porque sea muy buena con las herramientas tecnológicas y que, en cambio, no domine el arte de la comunicación. O que tenga experiencia cobrando, sin la capacidad de reaprender o de empatizar.

La persona que cobre debe tener habilidades blandas: comunicación, pensamiento analítico, resolución de problemas, adaptación al cambio (esta es sumamente importante, debido a que el cobro no es un proceso fijo y predecible), entre otras.

Durante el proceso de selección no solo debemos buscar profesionales que dominen los paquetes ofimáticos o negocien y cierren proyectos, sino que también debemos basar la selección en la inteligencia emocional para lograr un gran avance.

Y es el líder quien debe potenciar esas habilidades. En él recae la responsabilidad de desarrollarlas. Un líder debe tener tiempo para educar, porque si no jamás tendrá el equipo que necesite, o uno de alto rendimiento.

El cobrador deberá negociar, él es quien tiene en sus manos el éxito del proceso. La inteligencia emocional en el *script* será determinante.

Además, debemos aceptar que las ganancias en los intereses altos son cosa del pasado y debemos flexibilizarnos para conseguir fidelizar al cliente. No podemos ponernos en una posición intransigente con la bandera de «no queremos perder», porque es obvio que ya perdimos.

Las herramientas y canales alternos (WhatsApp, Telegram, videollamadas) a nivel operativo serán un soporte paralelo a la cobranza asertiva. Es decir, tener omnicanalidad para la atención es bueno siempre y cuando la información sea homogénea y se brinden soluciones a tiempo a los requerimientos del cliente.

Es necesario estudiar los datos estadísticos día a día para examinar el comportamiento de los pagos de los clientes; segmentar estratégicamente las cuentas y analizar uno a uno los resultados de los gestores; conocer el desempeño a cierre de las carteras; el *perfomance* (desempeño) de cada gestor al final de mes y ajustar los procesos operativos. Todo debe medirse diariamente. Y en este sentido, debemos capacitar a los supervisores y cobradores.

Debemos fidelizar no solo a los clientes, sino también a los buenos asesores de cobros, así como a los colaboradores del equipo. Entendiendo que son los que están directamente de cara a la negociación, el manejo del estrés debe ser considerado.

Esto no es una carrera contra el reloj, es una evolución en los procesos, por lo cual debemos flexibilizar horarios y motivar al personal ofreciendo comisiones más robustas por productividad. Es de conocimiento que muchas empresas han hecho recortes en los beneficios, pero hay uno que debe estar presente y es el de oxigenar el periodo laboral de los colaboradores, dándoles tiempo libre como compensación. Esto no es una carrera de velocidad, sino de resistencia, y se necesita que los equipos estén claros y concentrados en el proceso a seguir.

Todos deben aportar en este escenario, empresas, clientes y colaboradores, para que la rueda siga girando.

Antes se buscaba que el cliente cancelara el total de la deuda, y los supervisores operativos orientaban a sus gestores en este sentido. Pero algo ha cambiado: con la situación económica del país, nuestros clientes solo podrán pagarnos letras mensuales más bajas y debemos aceptarlas.

Estas letras o montos pequeños que se comprometen a pagar nuestros clientes sí pueden sostener el negocio totalmente. Letras que se extiendan un poco más en el tiempo sin excederse.

Debemos aprender a cobrar a través de:

1. **Abono inmediato** (que denota la voluntad de pago del cliente).
2. **Arreglos de pagos** (con montos mensuales así sean mínimos).
3. **Cancelación**, estableciendo metas en cada uno de estos de forma diaria por el gestor.

Nuestros cobradores deben aprender a cobrar a través de las tres formas de pago mencionadas anteriormente, generando un balance entre ellas. Es algo sencillo pero eficaz.

Es importante que las empresas den capacitaciones que abarquen *coaching* empresarial y liderazgo transformacional. Esto hará que los asesores de cobros tengan mayor servicio, seguridad y que puedan fácilmente adaptarse a los cambios presentes cada mes o en cada negociación, así como manejar el estrés. La capacitación en inteligencia emocional, el PNL, el neurocobro, y la comunicación, entre otros, inclinará la balanza en las empresas y marcará una notoria diferencia. El asesor de cobros es el que crea el vínculo con el cliente, es el referente de la marca y es quien al final decidirá qué palabras utilizará, cómo guiará su argumentación y cómo ejecutar la negociación.

En el caso de los cobradores, asesores de cobros, o gestores, que cuentan con experiencia, suelen apostar todo a las cancelaciones o a tener *script* de cobros mecánicos o rígidos enfocados en la negociación para ganar sin trasmitirle nada al cliente más que su necesidad de recuperar lo adeudado. Debemos promover que sean asesores de cobros, no solo que busquen gestionar las cuentas o que solo quieren recaudar. El servicio debe estar presente.

Podemos obtener liquidez al dar condonaciones de los intereses para que el cliente los cancele a plazos. Esto no es un momento de presión para cada uno de los colaboradores, sino de seguimiento en resultados. En los equipos ya manejan la presión de sus situaciones personales postpandemia y deben estar emocionalmente enfocados y tranquilos para lograr los objetivos, que han de ser realistas con respecto a la situación del mercado, tampoco pueden ser metas flojas. Las metas deben ser reales.

Es poco seguro seguir cobrando como se hacía en el pasado, ya que la pandemia cambió el escenario.

Los líderes deben hacer una reingeniería y comprender que marca una gran diferencia el tener una labor de guía. Esto implica que se debe estar con los equipos y que pueden manejarse emocionalmente a pesar del estrés de la situación. Los modelos de liderazgo impositivos o de mandato unidireccional no darán resultados. Los equipos necesitan conocimiento, no más estrés. El líder debe brindar su servicio de guía y apoyo.

Los planes de negocio deben estar orientados totalmente a la operativa, que es la que ofrecerá la sostenibilidad y las ganancias, y en ella considerar la gestión del talento humano, así como el tratamiento que se le brindará al cliente.

El colaborador debe tener sentido de pertenencia y compromiso, debe ser asertivo al contratarlo y que se le involucre activamente en la gestión de la operación, no solo que sea un ente que reciba directrices, sin ser escuchado. Es sumamente importante, de manera diaria, que el asesor y todos los implicados vean su desempeño, que conozcan sus resultados, sus indicadores (KPI), para ir haciendo mejoras preventivas. Y el asesor debe tener claro su deber y la voluntad de brindar un buen servicio.

Las herramientas tecnológicas o los canales alternos de cobros serán necesarios, pero no serán los que determinen el éxito, porque cada uno de los clientes necesita atención, y debe darse con inteligencia emocional, por parte del servidor del cobro. Se puede utilizar la omnicanalidad para el cobro siempre y cuando se tenga conciencia plena del valor del servicio. Esta es la parte medular del proceso, así como la capacitación del equipo. Y no debe delegarse: los líderes deben estar involucrados.

No se debe ofrecer una información a través de las redes, y que en el sitio de cobros le den otra al cliente. Esto es muy contraproducente. También se puede ver otra situación aún peor: dejar al cliente en espera en el canal de comunicación, cuando solo quiere saber una información sencilla como lo es su saldo.

En servicio se habla de «momentos de la verdad», que no es más que ese momento donde el cliente toma una idea de la empresa.

Bien es cierto que no se puede controlar todo, pero el cliente quiere o busca que se le atienda y se le resuelva.

El acto de esbozar una sonrisa y establecerle al cliente una solución, o bien prestar atención y dar un tiempo de solución y cumplirlo, puede borrar cualquier imagen de insatisfacción por parte del cliente.

Nuevamente, reiteramos que el deudor es un cliente que, aunque deba mucho dinero, puede impactar sobre la imagen de la empresa o la marca.

No debe separarse el servicio del cobro, ambos deben estar juntos. Además, el servicio debe dirigirse tanto al cliente como a lo interno de la empresa. Por este motivo, la comunicación entre el colaborador y el resto del equipo ha de ser eficiente.

La situación de la pandemia puede durar más tiempo, y las empresas deben ofrecerle la seguridad sanitaria (que no debe ser costosa, pero sí eficiente) a sus colaboradores para que puedan trabajar tranquilamente.

El *engagement* del equipo es importante y todos los miembros deben cooperar con propósito.

Las empresas de cobro deben aguantar lo más que puedan, ya que se viene mucho trabajo, y con ello también oportunidades para todo aquel que logre entender que el mundo de cobros cambió. Debemos estar dispuestos a adaptarnos y crecer. Nos enfrentamos a una oportunidad de negocios, pero para ello hay que cambiar la forma de hacerlo.

El cobrador, así como el vendedor, siempre tiene trabajo en épocas de crisis; por lo cual, es claro que se cuenta con una oportunidad de actuación.

PUNTOS IMPORTANTES

1. El personal de cobros tiene que comprometerse a tener buenas prácticas que permitan mantener la buena imagen de la empresa.

2. El proceso de cobros debe tener en cuenta las diversas teorías que promueven la conciencia de que cada persona tiene un código propio de comunicación, y el gestor no puede frustrarse ni cerrarse. Debe negociar con inteligencia emocional y con disposición.

3. El servidor del cobro debe generar confianza en el deudor.

4. La capacitación en gestión de emociones ayudará al equipo a lo interno y a lo externo. Lo fortalecerá y redituará en los resultados.

5. Dar las gracias y el poder de una sonrisa, como el tono de voz amable y ser un creador de soluciones marcará la diferencia.

6. El compromiso es de todos, y esto repercutirá en los resultados, así como en el trato que se le dé al cliente. El servicio tiene que ser parte del proceso de cobros.

CAPÍTULO 4.
LA FÓRMULA MÁGICA DEL COBRO

«Cuando es obvio que las metas no pueden ser alcanzadas, no ajustes las metas; ajusta los pasos de acción».

Confucio

La experiencia nos aconseja que en el mundo del cobro no debemos negociar únicamente con una opción para recuperar la deuda.

En algunas ocasiones, los cobradores más experimentados dejan de negociar alternativas cuando el cliente les menciona la frase «trámite de cancelación».

Es errado debido a que si el cliente solo está iniciando su negociación y el pago no se produce es probable que acabe con las manos vacías. Adicionalmente, el cliente, al no conocer otras alternativas de cobro, simplemente por temor o por evitar que le llamen por esa propuesta de cancelación prometida, no responderá a las llamadas que se le realicen.

En cambio, si desde un principio se le trasmiten las opciones al cliente, al no producirse la cancelación, optará por tomar un arreglo de pago o inclusive negociar una condonación de su saldo a plazos.

Al cliente se le deben presentar las tres opciones, que, en conjunto, las denomino «la fórmula mágica del cobro»:

1. Solicitar el acuerdo de pago en un periodo de tiempo (corto o medio plazo).
2. Pedir un abono inmediato para demostrar voluntad de pago. Cuando el cliente realiza un abono a algo es muy difícil que deje de pagar, al menos en un periodo corto de tiempo.
3. Se le ofrece una negociación para cancelar la deuda.

Muchas organizaciones permiten negociar una condonación de los intereses de la deuda para ayudar al cliente y motivar la cancelación.

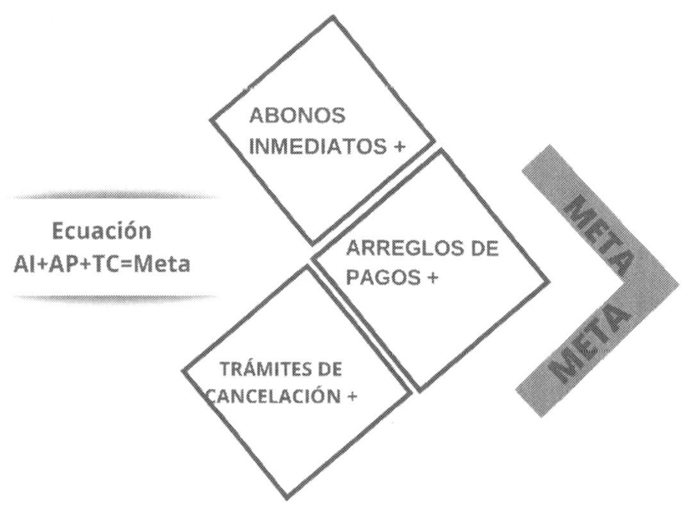

AI + AP+ C = Meta $$

AI** = **Abono inmediato.
AP** = **Arreglo de pago/Pago mensual de una letra.
C** = **Cancelación. Que puede ser total o por condonación.

Esta fórmula nos dará como resultado que se tenga una base de pagos para empezar cada mes e irnos acercando día con día a la meta propuesta.

Esto sostendrá en el tiempo el recaudo y causará un efecto multiplicador.

Ejemplo: si al cliente se le contacta desde el día 3 del mes corriente, se le debe solicitar un abono inmediato (para demostrar su voluntad de pago). Luego se le presentará la alternativa del arreglo de pago.

Se le debe consultar al cliente si está efectuando algún trámite para cancelar la deuda. De no tener intención de cancelación, se le brinda una condonación al saldo, ya sea a plazos o en un solo pago en el mes. Esto es ganar-ganar, ya que se le están dando opciones al cliente y nosotros estamos diversificando las posibilidades de nuestro recaudo.

Que el cliente pague toda la deuda es muy bueno, pero no se pueden perder de vista los acuerdos. No todos podrán cancelar la deuda en un solo pago.

Las condonaciones representan una baja en el ingreso, pero ayudan al cliente a motivarse a cancelar la deuda.

Las condonaciones se hacen del interés de la deuda (sin tocar el capital, aunque por excepciones puede hacerse). Es imperante manejarlas bajo niveles de autorizaciones, de acuerdo a las políticas que establezca cada empresa.

En la imagen se puede observar que cada colaborador dentro del organigrama (supervisor, gerente, etc.) tiene diferentes porcentajes (el monto del porcentaje será otorgado de acuerdo con la política de cobros) para autorizar las condonaciones, dentro de las políticas de cobros. Y deben negociarse de forma cautelosa, sin llegar a brindar todo el porcentaje en la primera propuesta al cliente, ya que se quedaría sin argumentos para negociar.

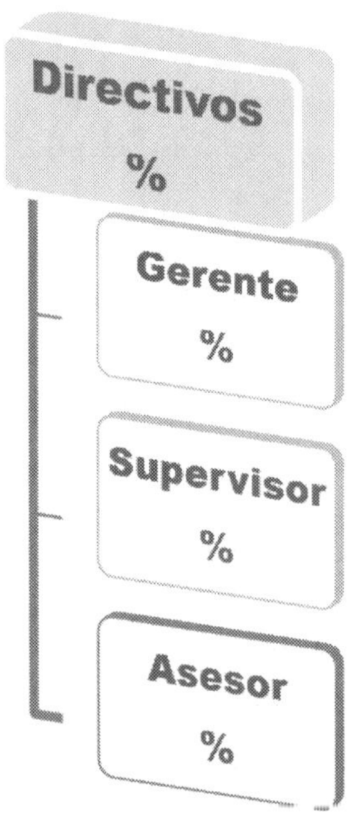

No se puede iniciar la negociación ofreciendo todo el porcentaje de la condonación, ya que el cliente siempre solicitará aún más. Y al no hacerlo, podemos crear una insatisfacción o anular la negociación.

Las condonaciones siempre deben proponerse con un mes de plazo; ya como segunda opción, en varios pagos, pero en un corto tiempo y siempre pidiendo el abono inmediato.

El cliente será consciente de que debe hacer un abono inmediato, aunque puede seguir con los pagos de su arreglo mientras le sale la aprobación de su trámite para cancelar la deuda o bien consiga el dinero.

Si al cliente le declinan su trámite de cancelación, seguirá con su arreglo de pago.

Cuando el cliente realiza un acuerdo, es importantísimo que lo haga por escrito y que firme los documentos que garanticen su compromiso, a través de los descuentos directos, que es una herramienta que ayuda a la cobranza para el caso específico de Panamá.

Esta fórmula aplicada en la recaudación basada en los abonos inmediatos, los arreglos de pagos y las cancelaciones es segura y aporta buenos resultados.

La meta debe desgranarse por día y así debe comprometerse a todo el equipo, desde líderes hasta los asesores de cobros, para velar por su consecución de manera diaria.

Si se socializa al inicio del mes una meta, por muy baja o ambiciosa que sea, y no se va midiendo día a día, además de evaluando las estrategias, dará un resultado incierto.

Se debe tener un seguimiento diario de estrategia y de resultados. Analizar la evolución, estancamiento o el detrimento de la misma.

Si un gestor de cobros tiene que llegar a una meta de 10 000 dólares al mes en cuentas castigadas, debe ser consciente de los días hábiles que tiene en el mes para cobrar su meta, en promedio, son 26 días.

Si un gestor de cobros hace en un día de bajo rendimiento:

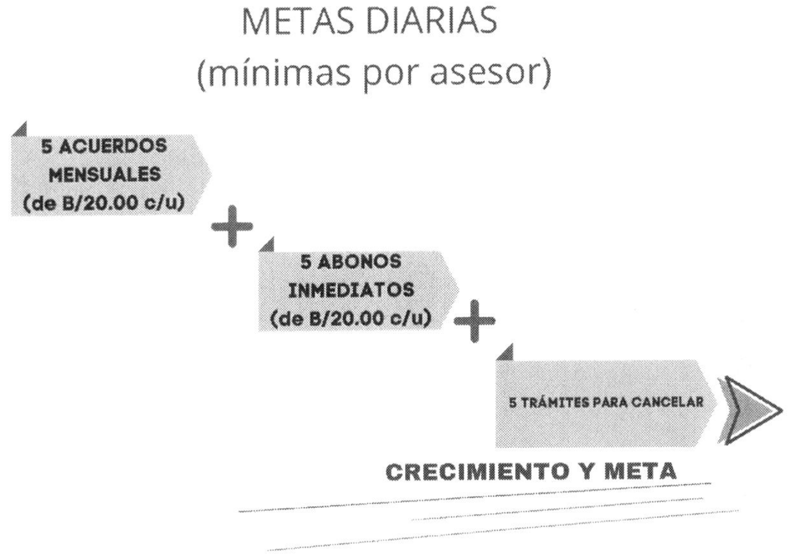

Dará como resultado promedio que este gestor en 26 días haya sembrado una base de $5 200 entre arreglos de pagos y abonos inmediatos.

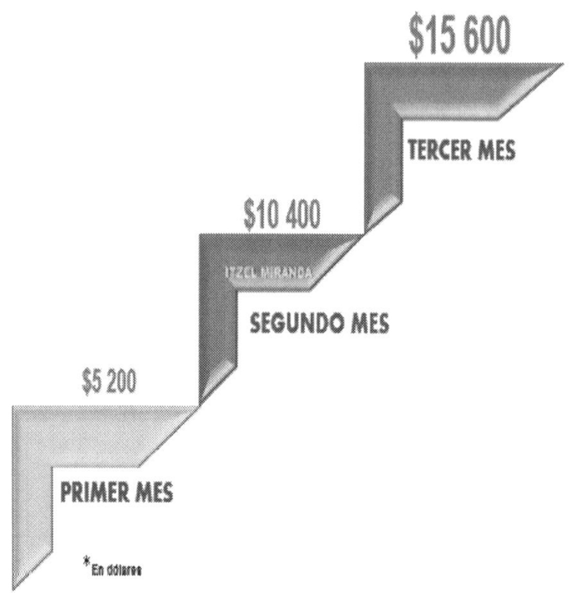

En la capacitación es importante hacerle ver al gestor la importancia de esa letra mensual y que no debe ver la meta como algo inmenso o imposible, porque, aunque sea retadora, puede llegar a cumplirla si la disecciona por día.

PUNTOS IMPORTANTES

1. Al cliente o deudor se le dan alternativas de pago: trámites de cancelación y acuerdos de pagos (plazos) sin enfocarse en una sola opción. Hay que buscar el ganar-ganar.

2. El cliente demuestra su voluntad de pago al realizar un abono inmediato.

3. La meta debe dosificarse en días, para que no se le atribuya un carácter único e indivisible, y que en el peor de los casos al acercarse al día del cierre provoque una sensación de imposibilidad o frustración.

4. El seguimiento de la estrategia y de los números es vital.

5. Si al cliente no le aprueban el trámite para cancelar su deuda, podrá seguir con su acuerdo de pago a plazos. Por eso es importante que no soltemos ninguno.

CAPÍTULO 5.
LA VITAL IMPORTANCIA DE LAS CAPACITACIONES CONSTANTES AL EQUIPO

«El analfabetismo del siglo XXI no será aquel que no sepa leer o escribir sino el que no sepa aprender, desaprender y reaprender».

Alvin Toffler

La inversión de las empresas al dar crédito debe retornar y su solidez estará respaldada por las políticas de crédito; sin embargo, quienes asegurarán y manejarán el dinero del retorno de esa inversión serán los asesores de cobros.

El sentido de pertenencia y la actitud del equipo serán determinantes. Y, en consecuencia, si la empresa logra tener este capital intelectual debe saber valorarlo y motivarlo.

El gerente y el supervisor tendrán que trabajar de la mano con su equipo, no es solo exigir el logro de una meta.

Este error era común, pero se ha recapitulado al ofrecer educarles en este oficio que, al guiarlos, se logra fidelizarlos y transformarlos en equipos de alto rendimiento. Esa guía no significa dar una instrucción y que se siga. Es explicar la indicación y su importancia, es darle seguimiento y, de ser necesario, dar un redireccionamiento desde la perspectiva del apoyo.

«Guiar» implica acompañar en la gestión, brindar mayores conocimientos, delegar tareas mas no la autoridad, ni mucho menos la responsabilidad. El equipo es el reflejo de lo que es el jefe. En resumidas cuentas, apoyarles y darles conocimientos.

El *onboarding* debe ser una prioridad en los líderes. Así como el seguimiento no solo de las asignaciones, sino también de mantener el clima sano.

Siempre se busca cómo motivar al equipo de trabajo, sobre todo en esta área donde se encuentra una constante de momentos sensitivos, estresantes y de tensión, cuyo origen está en la respuesta de algunos deudores y de la presión por llegar a la meta.

De acuerdo a la perspectiva tayloriana, la forma de «motivar» al colaborador es a través de una compensación económica. Pero esto no funciona actualmente. No decimos que no debe pagarse bien, por el contrario, se debe compensar; pero hay otros factores intrínsecos, como indica Daniel Pink, que tienen que ver con lo que disfrutan las personas, con la oportunidad de poder desarrollar sus vocaciones.

Hay cobradores que tienen vocación, que quieren aportar y desarrollar, pues es una oportunidad. Escuchémoslos, sumémoslos. Den libertad creativa al equipo. La estrategia no es de uso exclusivo de los líderes. La decisión de si se aplica o no es del líder, pero todo aporte debe ser considerado.

Todos poseen habilidades y capacidades, la gestión del talento no es propia del área de capital intelectual, el líder debe gestionar, promover, desarrollar, guiar, elevar cada cualidad que posea el colaborador.

Entonces, el líder debe tener tiempo para su equipo, y ese tiempo que invierta en conocer y desarrollar le será compensando en tener colaboradores comprometidos, que se fidelizarán y que practicarán la autogestión. El tiempo aquí es inversión garantizada.

Darles un propósito a los colaboradores va a sumar en calidad para la empresa y esto se logra a través de conocerlos, ver sus propuestas, darles algún proyecto en paralelo a sus tareas, en definitiva, algo que les haga sentir que son considerados. A todos les gusta aprender, y las capacitaciones son buenas para este fin; desarrollar proyectos los compromete y les da más habilidades o les potencia las que ya poseen.

Es cierto que tener cobradores con experiencia nos ahorra tiempo en su curva de aprendizaje, pero la voluntad de aprender, de valorar la oportunidad otorgada, y la actitud que posean, pueden ayudarnos o impulsarnos aún más.

Los perfiles sin experiencia pero con voluntad nos obligan a salir de nuestra zona de confort como líderes y a aprender a enseñar. Esto nos permite conformar un equipo de alto rendimiento y con la conciencia plena en el objetivo de la empresa: un equipo enfocado.

El área de cobros debe ser consciente de su rol y velar por contener las cuentas activas para que no se pasen a vencidas o castigas. Es decir, en esta área, el objetivo es evitar que la mora crezca; mientras que para las áreas que manejan las cuentas vencidas o castigadas el objetivo es recuperar.

Las áreas de cobros deben operar preventivamente para evitar que las carteras caigan en moras de más de 200 días y prevenir a toda costa las tardanzas de más de 365 días.

Los gestores de cobros deben enfocar su proactividad en el objetivo que tienen que es el recaudo.

Cobrar no es solo llamar y dejar un mensaje. Es investigar y ubicar al deudor, con la finalidad de establecer un acuerdo de pago.

El cobrador, al igual que el supervisor o el gerente, debe entender la estrategia, el tiempo y los indicadores. Debe ser una persona con capacidad analítica, no solo haciendo referencia a números, también debe tener desarrollada la inteligencia emocional, y analizar la situación personal o económica del cliente. Es importante poder adaptarse a los cambios.

Necesita estar capacitado para la neurocobranza, esto es poder negociar y entender el perfil de sus clientes.

El rol del cobrador no es exigir que le paguen, es llegar a una negociación de la mano del servicio.

El sentido de servicio debe estar presente en el manejo a lo interno y externo de las empresas. Y esto se basa en empoderar a nivel emocional a cada uno de los colaboradores. En demostrar que es un valor agregado para su perfil como profesional.

Un empoderamiento que se basa en estar centrado y enfocado. Sin tomar nada a personal, ni suponer nada en ningún aspecto. Debe ser claro, sin querer establecer tecnicismo, en que su objetivo sea la recaudación, pero también la disposición de atender al cliente.

Antiguamente, para algunas empresas, si el cliente estaba en cuentas castigadas y con sus referencias crediticias comprometidas, el criterio que tenía el cliente o la referencia que tuviese de la empresa no era algo que estaba en la prioridad de la empresa acreedora. No obstante, con la llegada de las redes sociales, esto ha cambiado porque, aunque el cliente no tenga un perfil para aplicar nuevamente al crédito porque ha quedado mal, puede causar un impacto perjudicial en la imagen de la empresa si da una referencia negativa en estos medios.

Cada cliente, aunque deba y tenga una mora alta, debe ser considerado siempre como un cliente que merece un buen trato, una atención cordial y un respeto.

En definitiva, se puede llegar a una negociación sana con el cliente, entendiendo las objeciones que él presenta y dándole opciones.

Integrar las programaciones neurolingüísticas para poder negociar será parte de los ingredientes esenciales en las negociaciones o acuerdos.

Cada cliente tiene una conducta y sus emociones van a influir directamente en sus decisiones. Muchas veces, aunque el cliente posea la solvencia económica para hacerle frente a la deuda, si no tiene la disposición emocional no se podrá lograr que se comprometa a pagar su deuda.

El servidor de cobros debe poder identificar en el cliente la disposición emocional y financiera; pero mucho más allá de esto debemos tener como base primordial el trato gentil y humano. Que sea consciente plenamente de la importancia de ese deudor y que cómo le trate será únicamente responsabilidad de su profesionalismo y conducta.

Igualmente, considerará como inversión el tiempo y la voluntad, así como el manejo de la técnica adecuada para mantener la comunicación efectiva. Debe saber sostener un tono de voz tranquilo, firme, audible, calmado y conciliador, que no trasmita agresión.

El servidor de cobros debe tener una postura erguida y con buena disposición cuando esté al teléfono con el cliente, así debe poder gestionar los cambios en sus emociones. Puede utilizar palabras que lo involucren en la situación, sin embargo, debe mantener su postura sin caer en la permisibilidad.

Es por ello que es importante contar con el apoyo y la guía constante, con los redireccionamientos adecuados. Que el líder brinde seguimiento a la gestión, sin ser punitivo al observar el desempeño de los colaboradores.

Se les debe acompañar en los procesos técnicos, así como también asesorarlos para mantener la comunicación sana y que se proyecte en el trato a los clientes, y a su vez en el área de cobros, con sus compañeros.

Todo debe funcionar como una red de apoyo y de crecimiento, entre compañeros también.

Las mejores prácticas en la operativa de cobros son básicas, así como la calidad en la gestión, siempre salvaguardando las políticas de seguridad de la información.

Todos en el equipo deben ser entes de solución, y esto se logra si los líderes se comprometen en ser sus guías y aportan los conocimientos. Así como también entre los colaboradores afianzan su motivación, la cooperación y promueven el servicio (clientes internos), de forma que todos construyan un clima de crecimiento y apoyo.

No se propone que el gestor sea condescendiente o permisible con el cliente. Es que pueda identificar los matices que cada persona posee al expresarse, y al percibirlos poder elevar la comunicación para sincronizarse al objetivo: que el cliente tenga la voluntad de pagar. Debe trasmitir una posición de conciliación y de solucionador.

Una frase clave que debe imperar es: «Estoy aquí para encontrar una solución».

Es importante que el gestor pueda dar las gracias cuando el cliente hace el pago. Para el gestor, que el cliente pague puede representar un deber (que lo es), pero el cliente puede elegir hacerlo o no. Y el dar gracias denota respeto, es una llave en la relación.

Los líderes de los equipos de cobros no pueden enfocarse únicamente en planes elaborados o en análisis de indicadores, aislándose del equipo de cobradores. Deben prever, deben tomar decisiones dirigidas al equipo, adaptarse a los cambios, llevarlos a que ellos logren adaptarse, estar con y para su equipo.

Ayudarles a que se sobrepongan ante situaciones conflictivas con los deudores, para que no trasladen consciente o inconscientemente esa situación al siguiente cliente que tengan que llamar.

El que toma la decisión en la primera línea es el gestor y debemos procurarle toda la capacitación y soporte emocional con diferentes técnicas y habilidades, así como destrezas para el manejo de estrés.

La comunicación debe ser constructiva, esto causará que el equipo refleje lo que le trasmita su líder y ofrecerá una comunicación de servicio y de solución al cliente, lo cual generará un enfoque de asesoría más que de una negociación.

Este trabajo demanda tranquilidad, por ende, el gestor debe poder oxigenarse. Debe calibrar su clima. El colaborador debe ser consciente que él aporta al clima propio y del compañero. En definitiva, este trabajo agota, estresa. Pero todos deben cooperar en seguir adelante y aportar en la motivación. Crear una sinergia.

Capacitarles en el manejo de estrés y de objeciones con los clientes les va a ser de gran ayuda. Así como lo son otras compensaciones como premios en tiempo o simplemente hacer pausas activas a mitad de las jornadas.

El gestor de cobros debe poder manejar estratégicamente su propia cartera de clientes que le pagan por arreglos de pago y ser capacitado en segmentación de cuentas, estrategia y análisis.

Hay que comprometer al personal de la cobranza porque, aunque se le proporcione una estrategia de clientes para llamar, si él no entiende la importancia, si no entiende los puntos que conforman la misma, y decide o elige mejor llamar a otros clientes, puede acabar con la oportunidad que el analista le está ofreciendo y, por ende, se perdería la ventaja que da la estrategia.

Se deben hacer reuniones con los equipos para analizar los indicadores y las brechas que se posean de la meta, los *perfomance* y las probabilidades de las metas.

Los gestores deben ver al cliente como una persona que es importante para ellos; sin él no hay gestión de cobranza, y debido a la situación adversa que le llevó a no pagar es por lo que están ellos gestionando.

Es bueno ver la posición privilegiada que tiene el servidor de cobros, que no está en el lugar del cliente. Y la misma es también una oportunidad de ofrecer una ayuda en una negociación.

PUNTOS IMPORTANTES

1. Debemos hacer sentir al equipo como parte importante del área y de la empresa. Crearle un propósito por el cual integrarse, que sus habilidades, experiencias y conocimientos trasciendan.

2. Los factores económicos son importantes, pero también crear motivaciones intrínsecas. Valorar la contribución de cada uno de los miembros del equipo.

3. Brindar conocimiento es fundamental para motivar.

4. El líder debe guiar. Este tiempo es una inversión que redundará en un beneficio económico y de estabilidad para la empresa.

5. Los servicios no solo deben enfocarse hacia el cliente, a lo externo. También debe ser parte de la cultura de la organización.

6. La gestión y desarrollo de talentos debe ser labor de todos en la organización.

CAPÍTULO 6.
EL SCRIPT DE COBROS

«El poder de las tres p: prudencia, paciencia y perseverancia».

Mago More

El cobrador debe ser un asesor que ofrece un servicio, otorga el direccionamiento al deudor para que tenga la voluntad de pagar. Lo guía y lo acompaña en este proceso de decisión.

Es importante que se mantenga siempre dentro de los valores de respeto y conciliación.

El saludo y los primeros segundos al entablar la comunicación son vitales, pues el cobrador debe trasmitir una posición de solución y de interés.

Dentro de este momento, donde tenemos que captar la atención del cliente y vincularnos con su parte emocional de forma positiva proponemos que se utilicen expresiones de agradecimiento: «gracias por su tiempo», «gracias por su pago», etc.

Esto desarticulará al cliente de su posición combativa, si la tuviese. Y si no la tiene, causaría una impresión positiva en el cliente.

En muchas ocasiones a los deudores no les agrada que se les ubique y se les cobre, y suele levantar enseguida una barrera emocional que debemos poder manejar con el arte de la palabra para trasmitir tranquilidad.

Un gestor de cobros no puede ser agresivo, intolerante o indiferente, ya que, a través del teléfono, el interlocutor capta las emociones. Inclusive si está sentado de mala forma, esto será percibido a través del teléfono.

Si tiene una disputa con un cliente, al tratar al próximo cliente no puede trasmitirle esa incomodidad, frustración, desdén o enojo, que le causó el deudor anterior. Sería doble pérdida. Mucho menos quedarse en esas emociones.

El gestor debe poder gestionar sus emociones y saber que debe soltarlas. Respirar y seguir. No debe ni puede tomar nada a título personal.

Debe tener el suficiente equilibrio mental y emocional para asimilar esos embates negativos que le puedan causar los clientes molestos durante la conversación.

Si a un servidor del cobro le afecta alguna situación con un cliente, debe tener la posibilidad de drenar esa emoción. Hacer una pausa para equilibrar la respiración y tomar agua. Entonces, cortar la situación. Dejarla ir. No puede apropiarse de ella todo el día hasta llegar a casa. Esto es nocivo.

Se sabe que en el *script,* el norte es el cobro, pero también lo debe ser que el cliente se sienta tranquilo durante el proceso, no alterarlo; que mantenga la satisfacción de atender las próximas llamadas para recordarles su pago.

Si el cliente se encuentra agresivo y que no parece calmarse, se le debe indicar que entendemos su situación pero que nuestra disposición es de ayuda, reafirmando siempre esto: «Queremos ayudarle». «Estamos aquí para ayudarle en su negociación». «Entendemos su situación, pero debemos conciliar».

Recuerde: «Queremos ayudarle». El cobrador debe ser consciente de que el cliente al pagar le va a ayudar en su recaudo, en el logro de su meta y también en la valoración de su servicio.

Por experiencia, propongo estas frases que son determinantes en la disposición del cliente y crean apertura: «Quiero ayudarle», «gracias por su pago», «que tenga una feliz tarde», «gracias por ser buen cliente».

Esto es un factor diferenciante de la competencia y en la disposición de pago de ese cliente porque él puede tener otros acreedores.

No es ni hostigarle ni darle espacio. Es darle presencia y que sea preventiva para cobrarle, con respeto y propuestas de calidad en la comunicación.

Es muy posible encontrarse con clientes que son difíciles, y al dar atención de calidad no se está cambiando el sentido de la cobranza, que es el de lograr un acuerdo por ser empático. Es hacerlo con un lenguaje constructivo, de servicio, y que logremos fidelizar el pago, así como en ventas se busca fidelizar a los clientes.

A la fuerza nada funciona. Si se coacciona a un cliente con poca disposición a pagar, puede que pague. Pero no será sostenible en el tiempo ese acuerdo, ya que a la primera oportunidad buscará la forma de evadirlo. Y con el agravante de que tendrá una mala referencia de la empresa.

Se deben saber exactamente los días que el cliente se compromete a pagar y hacerle un recordatorio de pago.

El tono de voz es determinante, que trasmita esa conciliación y ese interés por ayudar. Que se tenga una disposición a escuchar, y si en algún momento se extiende la conversación por parte del cliente, que se utilicen los mecanismos idóneos para acortarla. Mecanismos de respeto, tranquilidad y empatía.

El servidor del cobro debe tener un *script* considerado y respetuoso. Debe buscar integrar, crear puentes. No se puede apagar fuego con gasolina.

Con la pandemia se han anidado herramientas de comunicación como Telegram y WhatsApp, y también para estos instrumentos existe un *script* de cobros.

Son herramientas que deben implementarse, pero con inteligencia emocional, ya que la exposición de la empresa es mayor. Y es aquí donde surge nuevamente la necesidad de una capacitación para el uso de la misma. Con un formato de negociación que cumpla con las políticas de seguridad de la información y la gestión del cobro asertivo a través de la inteligencia emocional.

Si usamos la neurocobranza podemos utilizar como estrategia el colocar estados de WhatsApp, y si sabemos que existen colores que nos influyen (entendiendo cuál es el perfil de mis deudores) se pueden hacer estados con colores asertivos dirigidos a estos perfiles, con una imagen que considere el *neuroinsight*: que la mente completa la imagen, colocando, en este sentido, dos personas que están a punto a estrechar sus manos. Y con la frase «gracias por ser buen cliente».

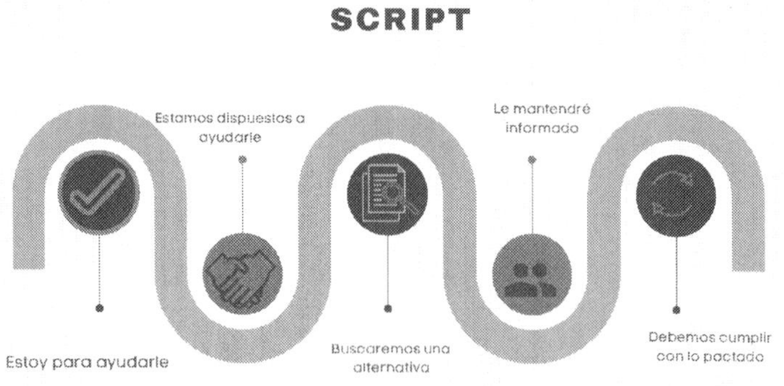

PUNTOS IMPORTANTES

1. Los primeros segundos de la negociación después de la presentación deben crear las bases para que se dé una conversación que lleve al cliente a tener una buena disposición.

2. Una conversación fría o intolerante divide, mientras que la escucha activa y la cortesía, así como hacer sentir importante al cliente, nos darán resultados positivos.

3. El gestor de cobros debe aislar su emoción de cada negociación. No puede trasladar una emoción negativa, producto del cliente anterior al siguiente cliente.

4. La gestión de las emociones debe ser parte de las habilidades de un buen servidor de cobros.

5. En el *script* las palabras de agradecimiento son imprescindibles.

6. Es importante aportar alternativas y soluciones al cliente, así como cumplir, sobre todo en los tiempos establecidos o prometidos.

CAPÍTULO 7. LAS ESTRATEGIAS DE COBROS

«Yo hago lo que tú no puedes, y tú haces lo que yo no puedo. Juntos podemos hacer grandes cosas».
Madre Teresa de Calcuta

La labor del análisis de los datos que vamos teniendo en la recaudación y con la gestión no solo será tarea de nuestro analista de inteligencia de negocios. Todos en el equipo debemos estar involucrados en esto; por lo cual, diariamente se debe examinar el resultado.

Es decir, el cobrador debe llevar un comparativo diario de sus resultados (recaudos) con respecto a su recaudo del mes más alto.

Es importante que se lleve el comparativo con el mes más alto, porque nos hará ser más competitivos, nos permitirá tener una visión clara del crecimiento. Si bien es cierto que también debemos tener en cuenta el resultado del mismo mes en el año anterior.

De la misma forma, se debe llevar este comparativo por áreas. Lo que nos permitirá tener un estimado de cómo será el comportamiento en el cierre o la proyección al cierre por mes.

Haciendo énfasis en que esto es solo un estimado, debido a que el cierre también estará determinado por el peso de la cartera de arreglos de pagos, la cual debe crecer.

En cobros tenemos dos aristas: una de siembra y una de cosecha.

En el *pool* de cuentas, tenemos por una parte los clientes que no se han contactado, ni tienen ningún acuerdo y, por otro lado, aquellos con los acuerdos de pagos.

En el caso de las cuentas entre 30 días y 200 días, debemos lograr que los clientes abonen a la mora que tienen y mantengan su letra mensual.

En el caso de las cuentas castigadas, debemos promover que las cuentas que tenemos en no contactos (localizadas o ilocalizables) se conviertan en compromisos de pagos. Y los compromisos de pagos debemos mantenerlos pagando, no pueden caer en «no pagos». Por ende, debemos vigilar esta circunstancia.

Recordemos que la cobranza debe contemplar todas las formas de pagos, no podemos dirigir al equipo solo en cancelaciones (que no digo sean malas) o solo en descuentos directos.

Debemos mantener un crecimiento en nuestros arreglos de pagos, crecimiento en cancelaciones y crecimiento en nuestros descuentos directos.

Una cartera de cuentas con compromisos de pagos (que hayan pagado) y que se caiga será muy difícil de levantar.

Usar solo una opción de negociación (las cancelaciones) nos dará como resultado recaudos inestables. Las cancelaciones son importantes y debemos buscarlas. Pero también es importante crear acuerdos con aquellos clientes que no pueden cancelar.

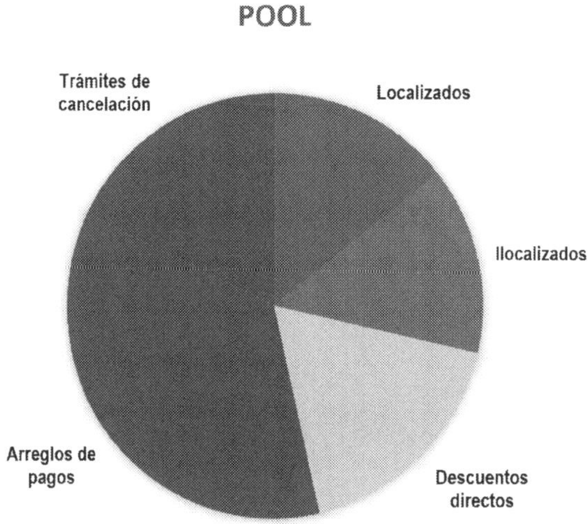

Tenemos que lograr pasar de los localizados e ilocalizables (cuentas no contactadas o sin compromiso de pago) a las cuentas con compromiso de pago a través de la segmentación de cartera.

Para poder segmentar la cartera (de acuerdo a los tipos de productos, sean préstamos, tarjetas, etc.) podemos hacer combinaciones de estrategia tomando en cuenta los siguientes aspectos:

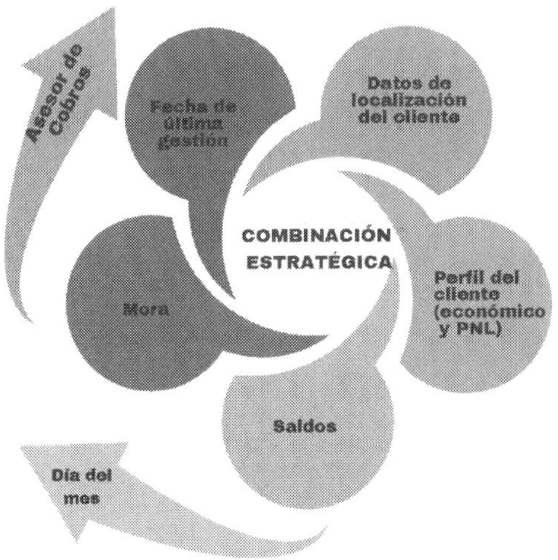

Es importante que los clientes en compromiso de pagos sigan cumpliendo sin que caigan en «no pagos».

La forma de hacerlo es con las estrategias de la gestión de los «no pagos» (clientes que pagaron a la misma fecha del mes corriente, en la misma fecha del mes anterior).

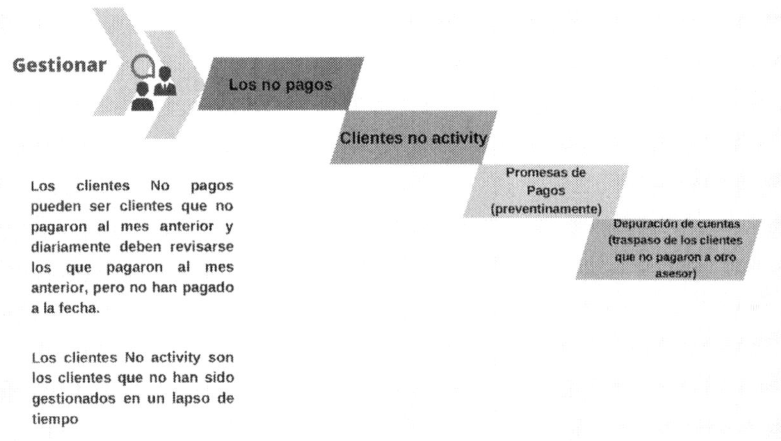

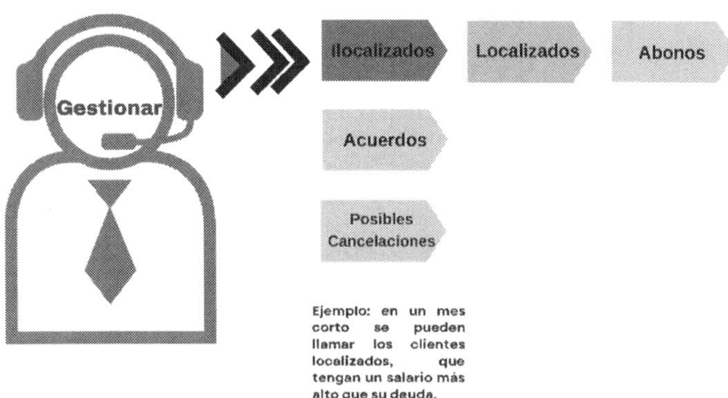

PUNTOS IMPORTANTES

1. Es clave comparar el número (recaudo), diariamente, con el mismo día del mes más alto. Esto debe hacerse por área y por cada cobrador. Nos dará una visión de dónde estamos y qué podemos hacer.

2. Controlar diariamente el número nos permitirá trabajar en prevención.

3. Todos deben participar de la estrategia.

4. Los KPI deben ser parte del lenguaje de todos y de forma diaria.

5. De nada sirve presentarle el *perfomance* al cobrador a fin de mes. Ya no hay espacio para una mejora preventiva, sino una propuesta para un nuevo mes.

CAPÍTULO 8.
EL LÍDER DE LOS EQUIPOS DE COBROS

«El hacer lo correcto es maravilloso. El enseñarles a otros a hacer lo correcto es aún más maravilloso. Y mucho más fácil».

Mark Twain

El líder de cobros no puede estar ajeno al proceso, la responsabilidad no se delega. Debe estar presente durante toda la ejecución y debe ir midiendo los resultados.

Adicional a esto debe guiar al equipo y potenciarlo. Debe gestionar el talento de su equipo.

Todos poseen un sistema de creencias, y no se puede seguir trabajando como en el pasado donde el jefe exigía una tarea, sin dar una instrucción clara o dar seguimiento. Todo sujeto a la interpretación. Y si la tarea resultaba bien, entonces se establecía que esto «era el deber» del colaborador, y si estaba mal hecha, pues la situación era negativa, lo que traía un llamado de atención fuerte, y más si se tenía la presión de la meta.

Así fue el liderazgo durante mucho tiempo, siendo no aceptado, pero sí visto como una práctica común. Pero este proceder no es sano y debe ser rectificado.

El líder debe mantener una posición de guía de la gestión, debe involucrarse en el proceso; dar seguimiento a las tareas;

tener la visión a través de los distintos indicadores; saber cómo formar un equipo de alto rendimiento. Esto conlleva voluntad de guiar y de querer ser mejores personas y, por consiguiente, mejores profesionales.

Muchas veces, en los anuncios, al buscar personal se coloca dentro de los requerimientos que tenga experiencia.

Sin embargo, es más aconsejable que la búsqueda de personal se centre en atraer colaboradores con voluntad de trabajar y con inteligencia emocional que puedan trabajar de forma proactiva.

Para apoyar a los líderes de cobros que necesiten personal con inteligencia emocional, se debe contar con un especialista en talento humano que también busque desarrollar y apoyar en el proceso de crecimiento de la persona seleccionada. El líder de cobros es un referente para buscar el talento, pero no es el especialista para analizar si la persona tiene las cualidades idóneas. Aquí debe intervenir el área de talento o de recursos humanos de la organización.

Luego de años de experiencia, donde la equivocación por liderar de una forma unidireccional ha enseñado que, tratando de ofrecer conocimiento de un oficio como es el cobro a personas que no habían laborado anteriormente en esta área o tal vez en ninguna, logra mitigar la búsqueda de personas. El tener personal sin experiencia, a los que deba formarse a la medida del proceso, es lo idóneo (es el camino más largo, pero el más fructífero). Debemos buscar personal que quiera mejorar, avanzar, que sean personas que ofrezcan siempre una solución.

Es decir, actitud sobre aptitud. Y para potenciar esa actitud y que resulte buena para el proceso, el líder debe estar involucrado desde el proceso de selección hasta cada día de trabajo.

No se puede, ni se debe, agotar con presiones y exigencia a los equipos de cobros. Se pueden hacer retroalimentaciones descriptivas o reflexivas, así como mostrarles sus áreas de oportunidad y redireccionar sus acciones.

Si solo se les lleva bajo presión puede causar que se pierda a la larga un buen colaborador.

No es que se deba ser permisible, esto no es lo que se establece. En definitiva, no se debe permitir que se atrasen las tareas o que no se cumplan. La responsabilidad no es negociable. Todos deben ser conscientes de esto.

Lo que se propone es precisamente dar una oportunidad, y esta conlleva aprendizaje, la oportunidad de crecer y de construir.

El supervisor o el gerente deben efectuar reuniones y establecer la forma de gestionar los equipos para poder redireccionarlos, si se encuentran áreas de oportunidad.

La voluntad como líder no será suficiente, es también muy importante la del colaborador, porque si no, ambas partes podrían terminar frustradas, o lo que es peor, en malos términos producto de la presión que conlleva el cumplimiento de la meta.

Todos deben tener ganas y compromiso.

El líder debe asegurarse de que exista un compromiso con la meta, no que la necesidad de cumplir con la meta sea una patente de corso para poder generar un mal clima de trabajo.

Dicho en otros términos, el personal que formará parte del equipo de trabajo debe tener las ganas de trabajar y de aprender. Y el líder debe tener las ganas de enseñar y guiar. De guiarlos a cada paso.

Al proponer la enseñanza, no es mandar a las personas a seminarios, conferencias o a los muy de moda *webinars*, porque tales prácticas no cambian actitudes, potencian habilidades.

Tampoco el líder puede deslindarse de sus responsabilidades de guía y buscar excusas, o culpar a las nuevas generaciones y vivir del pasado diciendo que antes eran más responsables. Debe saber operar, gestionar y guiar a un equipo heterogéneo, porque como personas somos seres individuales.

El líder no siempre quedará bien y esto también debe aceptarse. Pero siempre debe buscar conciliar y motivar.

Todo empieza con la persona que seleccionamos desde un inicio, y que en tres meses nos mostrará su compromiso, su voluntad, su forma de gestionar problemas y de comunicarse. Su propuesta como profesional.

Los líderes deben guiar con el ejemplo, y para hacer que el ejemplo sea visible es importante estar con ellos.

No se está liderando desde una mesa o una computadora. Se lideran personas, personas que conforman los equipos, y hay que estar con ellos día a día.

El líder operativo no puede estar gestionando la mayor parte del tiempo tareas administrativas. Por algo es operativo. Debe acompañar al personal, estar lado a lado como apoyo a su gestión. No subyugando ni buscando errores sino analizando las áreas de oportunidades, las debilidades, para transformarlas en fortalezas. El líder debe ser transformador.

El líder de un equipo de cobros no debe estar aislado en su oficina, rodeado de estadísticos, viendo el comportamiento de los números y demandando acciones, su deber es proponer, ser creativo cada mes, estar con el equipo. Debe ver su posición, la cual es totalmente dinámica, y adaptarse fácilmente a los cambios, salir de su zona de confort hacia la zona de la experiencia y conocimiento.

El proceso del cobro no está diseñado a través de un modelo estándar, ni siquiera la forma de negociar lo está.

Todos los actores cambian cada mes, y se debe prever esta circunstancia, así como hacer propuestas para avanzar frente a las situaciones adversas que se van desarrollando.

El líder de cobros no puede decir que no tiene tiempo para gestionar la motivación del equipo, o decir que no tiene tiempo porque los números van mal.

Gran líder, te anuncio una noticia: gestionas personas y las personas se mueven por emociones; y las emociones hacen tomar decisiones, y las decisiones son las que se mostrarán en los resultados que vemos día con día en los KPI o en el *dashboard*.

Siempre se debe estar presente activamente en las áreas de cobros como líder, no para corregir sino para redireccionar, para detectar las áreas de oportunidad.

La presencia dentro del área de cobros no la podemos delegar, debemos estar ahí para servir, para apoyar y crear.

Siempre hay tiempo para el equipo y para estudiar cómo mejorar el proceso. Sin tomar nada a personal.

Cuando se lanzó al espacio el cohete New Shepard, Jeff Bezos estuvo presente en todo el proceso de atención de sus clientes de forma activa, no delegó el servicio y mostró calidad en el mismo. Estuvo ahí, aun siendo uno de los hombres más ricos y ocupados del mundo, y que, dicho sea de paso, pudo ser un espectador más por ser el propietario del proyecto.

El supervisor debe «super-ver» las áreas de oportunidad y debe direccionar al cobrador para que tramite sus tareas de forma asertiva, y de esta manera salvaguardar el proceso de cobranza.

El gestor debe sentir y ver a sus líderes como una red de apoyo cuyo propósito sea su mejora.

El cobrador a su vez debe ser proactivo, palabra que se coloca siempre en las hojas de vida y que no es otra cosa que la de crear soluciones y proponer ideas. Proponer acciones positivas es seguir las indicaciones para mejorar, es buscar conocimiento.

Respondamos a la pregunta ¿cómo enseñamos el servicio? La respuesta es clara, con el ejemplo.

El líder debe servir a su equipo de trabajo con su guía, experiencia y con sus habilidades, para fortalecerlo como profesional y como persona.

La guía no se delega, la capacitación del proceso base y su seguimiento tampoco.

El rendimiento siempre en algún momento va a decrecer y en ese preciso instante debe estar la labor del servicio y la enseñanza, para generar motivación.

Aunando un poco los cuatro acuerdos toltecas, a saber: honrar la palabra, dar lo mejor de sí, no suponer y no tomar nada a personal; en los equipos de alto rendimiento jamás debemos tomar nada a título personal ni suponer nada.

El sentido de pertenencia más allá del proceso debe sentirse en las soluciones y en las propuestas de ideas.

La creatividad juega un rol importante al liderar y al actuar dentro de la cobranza.

En cobros siempre existen variables o situaciones adversas o negativas que pueden incidir en el clima de trabajo, pero debemos hacer que el equipo pueda canalizarlas y drenarlas.

Empezando con la apertura que le brinde al equipo que se lidera, para que ellos tengan la confianza de alzar la mano y saber pedir ayuda en un momento de duda de alguna indicación, de obstáculo o de estrés.

Esto se establece desde la premisa del compromiso del colaborador con el objetivo del área o de la empresa.

Tanto líder como colaborador deben entender que es necesaria la existencia de un balance.

El mejor trabajador no es el que se queda más tiempo del requerido en su contrato de trabajo, sino aquel que cumple con los objetivos trazados, de manera íntegra («hacer las cosas bien cuando nadie te está viendo»); el que propone soluciones, el que se compromete, no el que más participa. Es el que actúa en pro de su crecimiento como profesional, unido al cumplimiento del objetivo de la empresa.

La visión y la misión no son elementos de la empresa, un profesional debe tenerlas también, y conlleva aprendizaje, sentido de responsabilidad, proyecciones, avances, aportes, entre otros factores.

Tanto líder como colaborador deben tener una visión que siempre quiera sumar a las personas, no restarlos, y donde cada uno sea apoyo del otro. Porque únicamente podrán llegar a la meta juntos. Jamás se llegará remando cada uno por su lado. Deben remar aun sin remo con la misma dinámica, creatividad, con o sin energía, en la misma frecuencia y con la misma ruta. Aún lejos de la meta es necesario seguir buscando opciones.

El líder es importante para poder avanzar, para poder aprender. El colaborador aporta al éxito, así como también al aprendizaje, a la mejora constante del líder.

Si bien es cierto que no existe nada perfecto, ni el trabajo ni el colaborador, sí puede acercarse mucho a la perfección la voluntad de avanzar.

Una forma de integrar al equipo es creando proyectos para que se desarrollen. Proyectos auxiliares al proceso, de los cuales surgen ideas que, inclusive, pueden aportar en algún momento crucial una solución. Y que a su vez le dé empoderamiento, seguridad y conocimiento al colaborador.

El cambiar de trabajo constantemente no supondrá un avance, sino un estancamiento, como tampoco la rotación continua provocará el sostenimiento a largo plazo del proceso o de la empresa.

Muchas veces se busca una retribución económica por recuperación que es muy buena para motivar. Pero hay otros elementos que pueden ser adicionados junto a la parte económica como compensación y que son también muy valorados, como el tiempo libre.

Todos los meses de recuperación son importantes, no hay ninguno que sea de menos valor que el otro. Pero no se puede cansar al equipo y a los líderes, porque no son máquinas y en este trabajo la ecuanimidad y la tranquilidad al abordar las negociaciones son muy importantes. Pero si se tiene a un equipo agotado o saturado será negativo en todos los aspectos y consecuencias.

Entonces se puede ofrecer el tiempo libre como una compensación. Con esto se logra tener personas más proactivas.

Las horas de la mañana en cobros son de mayor importancia porque tienen más energía los equipos y los clientes tienen mayor contactabilidad.

Las horas de menor rendimiento (por la tarde) se pueden utilizar para pausas activas, desarrollo de proyectos, capacitaciones y —¿por qué no?—, también para incentivar y dejar que los colaboradores que cumplen o que se lo merecen «tomen aire» para volver a sumergirse en esa vorágine que es la cobranza y el cumplimiento de las metas.

Un equipo capacitado, motivado y con energía es un equipo de alto rendimiento.

Premiar con tiempo a los colaboradores no representa para la empresa una pérdida, por el contrario, es una inversión. Y creará más motivación por parte del equipo. Las recompensas siempre deben darse de forma justificada como retribución a los aportes y logros.

Los equipos deben adaptarse a los cambios, porque esta área representa cambios constantes. Cambios de clientes, cambios de estrategias, cambios de meta.

Entonces es importante que el equipo no sea reacio al cambio. Una forma fácil y simple de enseñarles a adaptarse es cambiarles de silla o puesto de trabajo.

Nuevamente, todo empieza en la selección y se mantiene con la capacitación y guía.

Si se quiere tener un equipo de alto rendimiento se pueden desarrollar habilidades de liderazgo en cada persona del equipo.

Es importante señalar que cuando se hable de enseñar y guiar no es referente a la parte técnica únicamente, sino también a potenciar las habilidades blandas, a la mejora de las personas, a la gestión de sus emociones, a su equilibro, a proporcionales las herramientas para gestionar el estrés y la ansiedad que pueden generarse en el área de cobros cuando se debe cumplir con una meta. A gestionar el talento.

Esto ayudará a los líderes a no enfrentarse a momentos de frustración; y la frustración por lo general se manifiesta de una forma adversa e impactante, quebrando por completo la confianza y el respeto.

Y nuevamente tocamos la palabra confianza.

La integridad conlleva hacer las cosas bien, cuando nadie mira; por ende, es importante crear un ambiente de creatividad y desarrollo. Que cada persona pueda ser un desarrollador de ideas y de propuestas. Que realice sus tareas sin supervisión constante porque es un profesional comprometido, pero también que se sienta valorado.

Asignar tareas hace que las personas no se involucren, sino que se comprometan. Dicho esto, se resalta que se pueden delegar tareas mas no responsabilidades.

Como líderes es importante aprender a escuchar. De esta forma, el asesor replica esta buena práctica aprendiendo a escuchar al cliente y a su líder, esto le dará la posibilidad de llevar una mejor negociación y cierre del acuerdo.

Algo clave al contratar personal es evaluar si son personas con criterio, seguras de sí mismas, y con disposición para que se les guíe.

Cada colaborador debe ser un ente de solución y debe escuchar ideas.

Debe darse una apertura, porque el líder puede ser más creativo (sin apropiarse de las ideas de los colaboradores) al escuchar nuevas propuestas del equipo, y debe querer preguntarse cómo mejorar cada día el proceso. Así como el colaborador debe dejarse guiar, y saber que puede ganar más en su carrera si lo permite.

Hace poco, en un documental de Netflix, el entrenador de Los Angeles Clippers, Doc Rivers, enseñaba dentro de sus lecciones como entrenador de éxito una palabra que según sus propias declaraciones es más un estilo de vida: *ubuntu.*

Esta palabra es una filosofía para ser parte de un equipo. Resaltamos que se establece para liderar equipos. Cuando se la presentaron por vez primera no le explicaron en qué consistía. Como tampoco se hará en este libro, para que el lector investigue y al hacerlo se empodere de ella.

Se le debe mostrar a los colaboradores que los cambios al igual que los obstáculos pueden potenciarnos aún más y permitirnos crecer o desarrollarnos.

Del fracaso se aprende, y lo importante es aplicar ese conocimiento en el siguiente paso o tal vez más adelante. Pero usar ese aprendizaje.

Los colaboradores no deben temerle al cambio ni a los fracasos pues deben confiar en sus habilidades y sus capacidades; siempre y cuando no vayan a derivar en otras personas la responsabilidad de sus propios actos. Culpar a otros por los propios errores no es de ser un profesional. Las excusas (aunque suenen razonables) no hacen mejorar a nadie. La propuesta de soluciones sí.

PUNTOS IMPORTANTES

1. El líder debe tener una participación activa durante el proceso, para gestionar de forma preventiva cualquier obstáculo.

2. El líder de cobros siempre debe tener tiempo para su equipo.

3. La voluntad, la creatividad y proponer soluciones son ingredientes importantes para ser un buen líder.

4. Es importante que comprometamos al equipo, y esto se logra al hacerlos partícipes de la creación de la estrategia, explicando la importancia y el objetivo de la misma.

5. Crear actividades que promuevan el buen clima y el servicio son importantes.

6. Debemos hacer que el equipo se adapte a los cambios.

7. El colaborador de un equipo debe tener criterio, debe estar seguro de sus habilidades y tener apertura para que se le guíe, y lo vea como una oportunidad de mejora. Y es lo que los líderes deben proponer.

CAPÍTULO 9. DINÁMICA DE TRABAJO

«Algunas personas quieren que algo ocurra,
otras sueñan con que pase, otras hacen que suceda».
Michael Jordan

Cada persona que colabora dentro de un área de cobros no solo tiene la responsabilidad con la empresa, sino con la información de los clientes y las políticas externas que rijan el proceso; así como salvaguardar que el proceso se ejecute de manera eficiente.

En las áreas de cobros se manejan, al igual que en ventas, el dinero que sostiene la empresa. Es tan simple como esto.

Los que dirigen las áreas de cobros deben mantener una organización y deben cumplir con tareas diarias, sobre todo en el área operativa.

No se puede dejar para fin de mes el análisis de los indicadores que van resultando del proceso de negociación y recaudo.

Cada mañana es recomendable que existan reuniones con el equipo de trabajo para ver cómo van los resultados por gestor y por área.

El análisis de los indicadores no es una tarea que compete al supervisor operativo, al gerente, al analista o a los directivos. Es un tema de todos.

Es una necesidad y debe verse como tal por parte también del equipo de cobradores y líderes.

El indicador o los indicadores de cada gestor de cobros debe ser visual en el sistema de cobranza (CRM), de forma diaria. De hecho, si el sistema les proporciona la visualización a los cobradores de su recaudo aumentará su empoderamiento, así como una presión sana del desarrollo de su recaudación.

Esto se refiere a su recaudo actual, su crecimiento de negociaciones de acuerdos de pagos mensuales, el recaudo de esas negociaciones, recaudos de abonos inmediatos, negociaciones de los clientes que van a cancelar a un solo pago la deuda (trámites de cancelación) y el recaudo de los mismos.

Al gestor se le debe proporcionar un control de cómo va su recaudo frente a su mes más alto. Que él lo alimente diariamente para que vaya internalizando su rendimiento y cómo mejorarlo.

También esos KPI a través de esquemas o *dashboard* deben socializarle en las pantallas en el área de trabajo, para que sean conscientes de los resultados.

Semanalmente se deben realizar reuniones por parte de los líderes para conocer el recaudo de cada área y el desempeño. Estos comités deben ser entre los supervisores y el gerente, donde también debe haber un compromiso con el número a cerrar. Y a su vez entre supervisores y gestores.

Siempre el resultado del día a día debe compararse con el mes más alto y evaluar las tendencias.

Aunque sabemos que cada mes (y algunos en particular) pueden tener sus propias características como: cantidad de días libres, fechas de cierre o inclusive alguna situación particular que surja. Pero siempre debemos compararnos con el mes de más alto resultado.

Dentro del programa de trabajo también debe considerarse una capacitación de habilidades blandas, tanto para supervisores como para los gestores.

Esto no funciona solo con ver números y exigir, habría que ofrecer las herramientas emocionales necesarias para lograr los objetivos.

Esas habilidades blandas debemos potenciarlas y lograremos equipos más comprometidos y de alto rendimiento. Lo que impactará en el clima laboral. Hay que bombardearlos con positivismo y mensajes de crecimiento personal, en lugar de hacer una dirección desde la presión, que no impacta a corto plazo de forma productiva.

Algo importante a considerar es crear una cultura de servicio, tanto a los clientes internos como a los externos.

Y que dentro de esa cultura se tenga un lenguaje constructivo que proponga un desempeño creativo, de propuestas, de ideas y de soluciones.

El proceso no se debe estancar en la posición del exigir y cumplir. Porque la comunicación, los sistemas representacionales, las inteligencias son diversas y se debe respetar la individualidad.

Dentro de las tareas asignadas en el departamento o en el área de cobranza es importante trabajar en el cuándo y cuánto, Saber cuándo entregaremos una tarea. O en el caso monetario, saber cuánto es lo presupuestado, las brechas, etc.

Dentro de las actividades extracurriculares comunes podemos tener en cuenta las actividades deportivas. Pero también dentro de un área de cobros y sus *call centers* es importante crear pausas activas, actividades mensuales que integren a todos. Ya que las actividades deportivas muchas veces solo integran a los que tienen esas habilidades.

Se puede pensar que esto merma la jornada laboral, pero por el contrario le da un valor agregado y le ofrece «aire» al gestor de cobros, cuyo trabajo necesitamos que sea efectivo y de servicio.

Jamás se logra tener un equipo con altos estándares de servicio e inteligencia emocional si en lo interno les presionamos, exigimos y les envolvemos las metas bajo la negatividad de inestabilidad laboral o pérdida de comisiones.

Con esto no se establece que desequilibremos el compromiso y responsabilidad; por el contrario, es sanear el camino hacia el logro. Sumemos personas que se sientan dispuestas a empezar cada mes en la recaudación con motivación y voluntad.

PUNTOS IMPORTANTES

1. Las reuniones de resultados son importantes. Este comité que analiza el comportamiento de los números debe ser diario, semanal y mensual.

2. El cronograma de trabajo debe estar enfocado a los números y en el caso de los supervisores, en el seguimiento al cobrador para brindarle el apoyo y potenciarle.

3. El gestor debe tener el propio control de sus resultados, y debe ir comparándolos para ver su proyección a cierre.

4. Dentro de la dinámica de trabajo, la parte técnica y la ejecución de las estrategias es importante. Pero al ser un área de estrés se deben organizar actividades que permitan al colaborador drenar las emociones negativas.

5. El lenguaje y la cultura deben ser de construcción, dentro de los equipos; de sumar talentos, de apoyo y de potenciar habilidades.

CAPÍTULO 10.
EL SERVICIO Y LA COMUNICACIÓN

«Hagas lo que hagas, hazlo bien. Hazlo tan bien que cuando la gente te vea hacerlo quiera volver y verte hacerlo de nuevo, y querrán traer a otros y mostrarles lo bien que lo haces».
Walt Disney

El servicio y la buena comunicación son vitales tanto a lo interno como a lo externo.

El servir no es algo que le pertenezca únicamente a la empresa, dentro de la descripción de la misión o como parte de la visión.

El servir es algo que debe estar inherente a cada profesional. Debe ser parte del ADN de cada colaborador, porque cuando se atiende a un cliente, cuando estamos frente a él, no es la empresa en sí misma la que actúa. Es el colaborador que decide cómo atender a una persona. Aunque el colaborador sienta que le retribuyan equívocamente su trabajo, esto no es una excusa para ofrecer un mal servicio.

Hay deberes por parte de la empresa que se deben cumplir; así como hay variables motivacionales a nivel económico como ofrecer compensaciones, premios y comisiones. Por su parte, el colaborador debe poder también entender su deber como persona y profesional, frente a la atención y servicio al cliente (interno y externo).

Si un colaborador se siente insatisfecho debe comunicarse con la empresa o bien buscar dónde puede desarrollarse mejor, es decir, buscar vías constructivas. La empresa debe crear aperturas. El colaborador no puede socavar o minimizar las habilidades de sus compañeros, cada cual debe hacer su propia experiencia. Tampoco puede minar los procesos de la empresa, porque no es ético. Si se ven áreas de oportunidad de parte de la empresa es mejor alzar la mano y proponer las mejoras, pero si no es viable es mejor buscar en otro sitio para desarrollarse.

Debemos ser conscientes de nuestro rol, desde la empresa al colaborador. Debemos ser proponentes de ideas, construir alternativas y ayudar a mejorar el servicio.

Si se desea crecer como personas o como organización hay que conciliar y entender que todos tenemos distintos criterios; se debe respetar el proceso (si no ofrecemos ideas para mejorarlo). Es muy bueno trabajar con personas que tengan distintas personalidades y criterios, es bueno que no siempre estén de acuerdo, porque de la heterogeneidad nace la creatividad, que se generan propuestas interesantes. Lo que debe primar es que siempre se busque construir y conciliar.

Cuando se busca una solución por alguna diferencia u obstáculo, el camino debe llevar a comunicársela a la persona indicada y la que posea realmente la capacidad de resolver el problema; de lo contrario, si esa solución la buscamos en un compañero o en una persona ajena al proceso, solo se lograrán especulaciones, disyuntivas o propagar malos entendidos, lo que impactará en el clima de la organización, y al final no se tendrá una solución.

Todos poseen derechos, pero también con el mismo ruido se deben resaltar los deberes.

Así como se guíe o se forme al equipo de trabajo, de esa misma forma tratarán a los clientes.

No es solo fidelizar al cliente sino al colaborador. Porque formar a un buen cobrador y perderlo representa un impacto directo al recaudo de ese mes, y probablemente de tres meses más. En definitiva, es un retroceso.

El hacer un *benchmarking* es bueno, pero aún mejor es hacer un estudio interno de nuestra organización, ver qué buenas prácticas que ya se posean no se aplican, y evaluar si el servicio realmente trasciende de una encuesta a una acción concreta, con tiempo definido para su mejora.

Por ende, la comunicación y el servicio interno promoverán un buen clima laboral en un área, que es más que evidente que maneja mucho estrés por el compromiso de cumplir las metas.

Si se establecen claramente los objetivos y metas; si se les da seguimiento; si se les ofrece una capacitación constante y se actualizan los resultados, se logra crear un sentido de pertenencia al equipo, así como también se fomenta el terreno apto para la creatividad y la motivación.

Para los clientes, la experiencia dentro de una empresa está determinada por la solución que le presente un colaborador, por su creatividad para proponer esa solución y su disposición.

El servicio es un valor agregado que promueve a un profesional y esto lo debemos mercadear dentro del equipo.

Muchas veces se observa que cuando en una empresa un cliente tiene una mala experiencia de servicio, quien queda con la responsabilidad final es el colaborador, y la empresa se deslinda de la misma. Y aun así se sigue pensando que el servicio es inherente a la marca corporativa. Esto le pertenece a cada colaborador y a su perfil profesional. Y en cobro esto es evidente.

La comunicación verbal y la no verbal dentro de nuestros colaboradores debe ser parte de la necesidad de mejora.

Con esto no se establece como norma que se deba ser permisible con el cliente o con el colaborador. Es un tema de comunicación clara, de seguimiento y de comprometerse con la mejora continua.

No se puede colocar la palabra «servicio» en la misión de la empresa si no se aplica o no se considera en nuestra planificación estratégica.

La actitud de servicio dará una diferencia notable sobre el resto de los competidores y trae consigo un beneficio muy bueno que es el de dar una estabilidad.

El servicio es proponer soluciones, ser creativos, es crear vínculos y fortalecer la relación con el cliente interno y externo. Es dar.

El hecho de que el cliente deba no le quita el derecho humano de ser respetado y que se le brinde una solución. Esto no es ser permisible, esto es simplemente ser humano.

Si el cliente pierde su posición y se expresa de mala forma, tampoco permite al servidor de cobros a bajar a esa posición y emular esta actuación. Por el contrario, las personas poseen emociones, y el descontrol proviene de la frustración que es muy común al cobrar.

Es solo disposición de servicio entender que la otra persona tiene un mal momento, sin tomarlo a personal.

Hay que construir, crear, diseñar, proponer. El cobro no debe ser área de penurias, un área sombría dentro de la organización. Debería ser vista como un área de servicio y propuesta en todo el sentido de ambas palabras.

El servidor del cobro debe permanecer calmado y guiar al deudor hacia un espacio de tranquilidad y ofrecerle una negociación. O bien, si la persona ha perdido completamente el sosiego, entonces agradecerle el tiempo e indicarle que cuando se calme le buscará para ayudarle, que es el objetivo.

Es importante medir la calidad del servicio, pero no como un mero procedimiento a través de una encuesta, sino como un pilar para la mejora. Empezando con el redireccionamiento de lo que arroje la encuesta como áreas de oportunidad.

Para dar un buen servicio se debe tener compromiso, respeto, voluntad e integridad.

La comunicación verbal y la no verbal deben ser una, sin mostrar diferencias. Hay que tener coherencia.

A un cliente no se le puede decir «enseguida le atendemos» y estar viendo el reloj para ver si se cuenta con tiempo antes de la hora de salida. Esto es absurdo y denota poco profesionalismo.

Cada gesto debe ser cuidado, no se pueden transmitir emociones negativas y que las palabras expresen que se le quiere atender. Esto es completamente contraproducente. El cliente evalúa conscientemente la disposición de quien le está atendiendo.

No es solo lo que se dice dentro del argumento de la negociación sino la forma como se dirige al cliente, y para ello se debe ofrecer una propuesta integral.

Es establecer las pautas de la negociación y preocuparse por que el cliente haya comprendido la propuesta, es guiarle en lo que debe hacer para cumplirla.

El servidor del cobro debe entender que no le hace un favor al cliente si le permite incumplir un mes, ya sea dándole más tiempo o bajando el monto acordado, si esto está fuera de política (ya sea porque sintió empatía); y es un error que cometen los servidores del cobro cuando están empezando.

Esto es terrible porque le causan un daño al no advertirle que, de darle una oportunidad, le caerán más intereses (el servidor del cobro no controla esto). Se debe hacer énfasis en que esto le afectará a sus referencias crediticias y que si ya tiene un acuerdo establecido podría perderlo.

Debemos crear la apertura para que el cliente exponga sus dudas. Las personas de la generación X o los *baby boomers* requieren mucha más atención que los de una generación *millenial* que desean una información corta. Todo esto demanda tiempo y disposición, por ende, no se debe descuidar.

Tampoco debemos generalizar. Ni mucho menos trasladar un mal momento con un cliente al siguiente que vayamos a atender.

Ese malestar se soluciona respirando y no tomándolo a título personal.

Es imperativo que esa mala experiencia sea vista como aprendizaje y no permitir que se empodere a nivel emocional, de tal manera que pasadas las horas se siga cargando con ella, inclusive hasta llegar a casa. Entonces ese no fue un día de éxito, donde esa experiencia los manipuló y los llevó al fondo. Jamás se debe llevar a casa esa experiencia negativa, a modo de queja, y mucho menos compartirla, porque contaminaría el ambiente destinado para la recarga de energías positivas para el siguiente día.

La visión debe ser clara, se debe estar centrado. «Todo gran poder conlleva una gran responsabilidad» escribió Stan Lee para Spiderman. Entonces es importante que la responsabilidad de mejora en el servicio para apoyar la gestión parta de cada uno.

Cada trabajador tiene en sus hombros la responsabilidad de servir a la empresa, al cliente y a sí mismo.

Al manejar las cobranzas se tiene la responsabilidad de darle estabilidad a la empresa y de generar el retorno de la inversión que se hizo. A su vez se debe mantener el perfil indicado como profesionales y no crear una mala experiencia en un cliente.

Si se hace una propuesta o acuerdo donde se debe solicitar autorización o aprobación, es importante ser conscientes del respeto por el tiempo del cliente. No se puede exceder en el tiempo de espera para poder dar una solución.

Es fundamental mantener informada a la empresa de cómo se lleva el proceso, si se presenta alguna dificultad o si se requiere de alguna capacitación. Nadie es adivino. Es importante mantener la capacidad de dialogar y de informar. Comunicar las situaciones y proponer ideas de ser necesario. Siempre con amabilidad. El crear una cultura de plantear dos ideas ante un problema es saludable.

Todos los involucrados en el proceso deben aportar soluciones ante las situaciones. Analizar y ser creativos. Y el líder debe tener la apertura de escuchar. Siempre se puede aprender.

Como se puede ver, se propone no solo la cultura del servicio externo sino también del interno.

Esa atención hacia el cliente debe ser natural, siendo conscientes de que este solicita información porque desea saber el saldo o porque tiene dudas sobre su cuenta, no lo hace para molestar o con la intención de hacer perder el tiempo. Es bueno ser agradecidos con el cliente que está presente.

En cobros, el servicio por parte del cobrador hacia la empresa es precisamente de localización, búsqueda y negociación con el cliente. Y también de contribuir con la buena imagen de la empresa.

La empresa no contrata al cobrador para que le informe de que las cuentas son difíciles de contactar, mucho menos con el objetivo de llamar o colocar «deje mensaje en celular» en la gestión; sino para negociar, por lo que se debe brindar un servicio eficiente tanto a la empresa como al cliente.

Cada cual debe saber y ser consciente de cuál es el rol que desempeña y su objetivo.

El servicio hará la diferencia en nuestra empresa. Y la personalización del mismo será un plus. Es clave no buscar el estandarizar el servicio, como tampoco podemos estandarizar la comunicación o una negociación.

Al cliente podemos satisfacerlo en cobros a partir de la disposición que tengamos para ofrecerle alternativas, al tener una escucha activa, al proponerle al cliente una imagen de apoyo y no de imposición, de un deber que debe cumplir.

El servicio no es una palabra más en la misión de la empresa, debe ser una forma de trabajo, de un lenguaje. Un hábito dentro de la cultura de la organización.

No solo se deben monitorear los resultados, se debe también estar pendiente de la dedicación ofrecida en las capacitaciones del personal y el servicio.

El servicio y la inteligencia emocional son importantes. Desarrollarlos en los colaboradores resulta en una propuesta innovadora, así como la creatividad, la comunicación asertiva y la guía. Son diferenciadores y hacen crecer y querer mejorar a los colaboradores.

Si el colaborador no lo tiene claro, el líder que le eligió debe tener el compromiso de guiarlo.

El líder debe escuchar y estar en una posición de servicio hacia su equipo. Su servicio significa aportar crecimiento y desarrollo.

Si contratamos personas se les debe dejar libertad de acción y creatividad, según lo permita su posición. Los gerentes deben tener esto, porque si los directivos van a imponer sus criterios siempre estarán matando el desarrollo creativo. La burocracia no puede interferir en la operativa, ni la parte administrativa causar peso a la operativa. El experto operativo debe desarrollar estrategias operativas.

Los planes y estrategias de la operativa de cobros deben ser participativos, deben ser monitoreados y deben ser dinámicos. No pueden hacerse las cosas siempre igual, bajo la premisa de «siempre se han hecho así».

Peter Drucker señala: «Calidad en el servicio al cliente no es lo que tú das, es lo que el cliente recibe».

PUNTOS IMPORTANTES

1. Al dar apertura a la comunicación lograremos conciliar perspectivas.

2. La escucha no debe ser solo prestar atención para responder, debe ser una escucha para crear y desarrollar, para establecer un vínculo. En la comunicación no se trata de ver quién gana o pierde. Se trata de avanzar y avanzar juntos.

3. Construir es parte del servicio.

4. El clima de la organización lo establece el colaborador y la empresa, todos son parte de ese clima.

5. El servicio no es el resultado de cómo se siente la persona a nivel personal o profesional. El servicio es un deber de cada persona. Y el servir hace a la persona más ética y mejor en todos los aspectos.

6. Servir no es buscar una retribución, porque en sí misma eleva.

7. El cliente (interno y externo) merece el mejor trato, disposición, actitud y solución.

CAPÍTULO 11. LAS METAS Y SU CUMPLIMIENTO

«El optimismo es la fe que conduce al logro.
Nada puede hacerse sin esperanza y confianza».
Helen Keller

En algunas ocasiones, cuando se diseñan metas se hacen ambiciosas, y de esta forma se socializa a los equipos.

Cuando se propone una meta se debe trazar un plan que debe quedar claro para todos.

Una meta sin plan o estrategia no se logrará. Todo debe considerarse: días de cierre, personal, elementos propios del mes, ventajas y desventajas.

El plan contiene las estrategias y formas para llegar al propósito o al objetivo. Y debe ser un plan con intenciones preventivas para poder tener opciones ante las dificultades que se presenten.

Las metas deben dosificarse día a día. Y así deben verlas los equipos. Afrontar metas diarias.

Cuando las personas ven metas muy ambiciosas, pueden cumplirse si se tiene un equipo de alto rendimiento, pero también si son absurdas pueden hacer que el equipo se desmotive al percibir el reto como algo imposible.

Las metas pueden ser consideradas en un rango entre un 15 a un 20 % más que el mismo mes del año anterior.

Y a los colaboradores se les debe ir pidiendo de un 15 a un 25 % más que su mes anterior.

El colaborador debe competir contra sí mismo, contra su mes más alto.

Cada mes tiene su propio perfil y las estrategias deben considerar cada elemento.

La meta diaria debe enfocarse no solo en el recaudo, sino además en la consecución de nuevas negociaciones para sostener la cantidad de acuerdos en el mes; y una meta a la par, de negociaciones para cancelar los saldos (ya sean totales o por condonación).

Es decir, se debe proponer una meta diaria de recaudación, de nuevos acuerdos de pagos mensuales, y una meta de clientes que están haciendo trámites de consolidación de deudas para cancelar las mismas.

Una forma de recuperar dinero que perdimos en algún mes es proponiendo metas de recaudación trimestral o semestral.

Es importante que los clientes que paguen el saldo adeudado a través de pagos mensuales no se caigan.

La recuperación cada mes de los clientes que pagan periódicamente debe estar arriba del 75 %.

En cuentas activas es importante recuperar el 80 % del monto o letras vencidas.

Las metas no deben ser un león, el equipo sí.

Había una colaboradora que cada mes que iniciaba colocaba un recorte de algo que quería lograr con la comisión de cobranza. Y lo lograba. El poder de la visualización y el compromiso son determinantes para la motivación.

Una meta se logra cada día evaluando la dinámica de trabajo. Por esto, es importante mantener la visión en los KPI para tener opciones o estrategias frente a una inercia en el recaudo o ante los obstáculos que se nos presenten.

Cada mes trae escenarios complejos y se debe contar con planes alternos, en los cuales todos estén comprometidos, que se comuniquen de forma comprensible y que vean el propósito, así como la forma de operarlos.

PUNTOS IMPORTANTES

1. Al establecerse una meta se debe organizar un plan.

2. El plan para que se dé la meta debe tener vías alternas y debe contener una esencia de prevención ante las dificultades que puedan presentarse.

3. Para que un plan se ponga en práctica, debe socializarse y se debe apoyar en su ejecución.

4. La meta debe ser una propuesta evaluada considerando el crecimiento.

5. Es importante dosificar las metas por día, para que se pueda medir y controlar.

CAPÍTULO 12.
LA IMPORTANCIA DE LAS POLÍTICAS DE SEGURIDAD DE LA INFORMACIÓN

«Nunca aceptes la forma en que las cosas se han hecho siempre como la única forma en que pueden hacerse».

Anónimo

En el área de créditos y cobros se maneja información sensitiva de los clientes que solo debe involucrar al cliente y al representante de cobros de la empresa.

El equipo debe ser plenamente consciente y debe tener compromiso con la confidencialidad.

Existe información más sensitiva que otra, y por querer cobrar a un deudor no se puede incumplir con las políticas establecidas para salvaguardar los datos privados de los clientes.

Debe existir un manual de políticas de seguridad de la información que involucre todo el proceso y al equipo de trabajo. Desde la forma de trabajar hasta el ingreso al área de cobranza.

El objetivo de la seguridad de la información es proteger los datos de los clientes y de los procesos.

Los datos de los clientes no deben ser entregados a terceras personas, aun cuando sean familiares, de la misma manera no deben ser alterados o modificados.

Los accesos a las áreas de cobros y de tecnología deben estar restringidos.

La información del cliente no se comparte con nadie, a menos que el cliente así lo autorice formalmente. Es esencial que cada colaborador tenga un contrato de confidencialidad de la información. No solo de los datos de los clientes, sino del proceso.

Dentro de las políticas y los protocolos de seguridad de la información (que serán completamente minuciosos) cabe contemplarse el uso del celular personal, ya que representa una completa distracción, que aleja al colaborador del sentido del servicio y entraña un riesgo alto para salvaguardar la información de los clientes.

Es conveniente contar con un manual de políticas y una revisión periódica de la puesta en práctica de las mismas.

Muchos elementos deben considerarse al diseñar las políticas de seguridad de la información:

- Estructura
- Tecnología
- Usuarios y privilegios
- Información escrita e información digital
- Proceso y operativa

Estas políticas deben tener una revisión anual y deben ser actualizadas.

Hoy por hoy, se está expuesto a amenazas externas a nivel tecnológico que pueden afectar la operativa y la integridad de la información y es necesario estar preparados.

Estas amenazas por lo general van a la vanguardia, por delante de los que protegen la información. Y aunque suele ser así, siempre se debe estar prevenido para afrontar cualquier situación anómala.

Uno de los factores importantes es precisamente el acceso a la información por parte de los colaboradores de cobranza. Y por eso deben tener más fortaleza emocional o, mejor dicho, inteligencia emocional, para evitar caer en la tentación de brindar información del cliente, por buscar localizarle o presionarle de alguna forma para que pague.

Existen amenazas a la información de todo tipo y se deben tomar precauciones y estar alerta para afrontarlas.

PUNTOS IMPORTANTES

1. Parte del servicio y de la atención al cliente es salvaguardar sus datos demográficos y su información.

2. Todos deben entender la importancia de proteger la información de los clientes (internos y externos), así como del proceso.

3. El establecer contratos de confiabilidad debe ir acompañado de una socialización y concientización de la importancia de la seguridad de la información.

4. Las políticas de seguridad de la información deben ser revisadas, monitoreadas, validadas y actualizadas.

5. Salvaguardar las políticas de la información del cliente interno o externo, así como de los procesos, es responsabilidad de todos los integrantes de la organización.

CAPÍTULO 13.
MEJORES PRÁCTICAS DE COBRANZA

1. Las buenas prácticas se inician con la selección del personal idóneo para la cobranza; sujetos con capacidad de negociación, con habilidad de escucha activa e inteligencia emocional. Con la voluntad de proponer y crear, de construir.

2. La capacitación constante en las habilidades técnicas, cognitivas y emocionales es fundamental.

3. El integrar a la inteligencia emocional como parte fundamental de la estrategia operativa dará resultados efectivos.

4. Los clientes deben ser tratados con respeto, se debe escuchar y atender sus propuestas para negociar y crear un acuerdo de ambas partes.

5. Siempre se debe tener disposición para ayudar al cliente, en sus dudas y requerimientos.

6. La comunicación asertiva, la inteligencia emocional en la negociación y los valores sociales marcarán la diferencia en el servicio.

7. La conducta de los servidores del cobro hacia el cliente conlleva atenderles, responder dudas, explicarles con detalles el impacto de no cumplir con el compromiso o acuerdo. Nos debemos a ellos, a nuestros clientes internos y externos.

8. Siempre se debe estar tranquilo cuando se atiende al cliente, y no se deben trasladar emociones negativas, como consecuencia de vivencias personales o de la atención de clientes anteriores.

9. La conducta es propia de cada profesional y se debe desenvolver con integridad hacia el cliente (interno o externo) así como hacia los procesos.

10. Es vital salvaguardar la información del cliente y de la organización.

11. Se debe respetar la individualidad de cada persona y trazar una comunicación como un puente respetando cada perfil.

12. Siempre se deben dar opciones o alternativas para la negociación.

13. La negociación empieza desde el saludo, es importante expresar la advertencia de que la llamada está siendo grabada o monitoreada, pero el primer paso es el saludo amable y gentil.

14. Las ideas de todos en la organización deben considerarse. Integrarlos en los pasos del proceso crea identidad y sentido de pertenencia.

15. En el equipo se deben trabajar las competencias, dando oportunidad de creación de proyectos o ideas estratégicas.

16. Cuando se realiza la negociación, no se deben utilizar *scripts* estandarizados o leídos, esto es parte del respeto a cada persona y su consideración.

17. Siempre se debe documentar todo en el sistema de cobranzas.

18. Es bueno utilizar un lenguaje sin tecnicismos, sencillo y cordial. Y será valorado por el cliente.

19. Es importante denotar emociones positivas y de disposición al atender al cliente. Respetando siempre su tiempo.

20. Hay que ser paciente y trasmitir los beneficios del acuerdo.

21. Hay que cumplir con lo que se le ofrece al cliente.

22. La atención al cliente con palabras de agradecimiento denota consideración y que se le da importancia al cumplimento o disposición que ellos aportan.

23. Se debe estar preparado técnica y emocionalmente para atender a un cliente, no transmitir inseguridad o indisposición.

24. Al no saber responder a una consulta por parte del cliente, lo mejor es ser sinceros para proceder a investigar. Esto es más sano que mentirle al cliente.

25. Se debe buscar construir una imagen del servicio en la cobranza si se quiere seguir en el negocio. Pero un servicio con honestidad e integridad.

26. El servicio al cliente (interno o externo) debe ser parte de cada profesional, esto no es propio de la organización. La organización somos todos.

27. Evitar una discusión debe ser una norma férrea, hay que proponer vías de solución.

28. Los planes estratégicos deben ser diseñados a partir de un objetivo o de un propósito. Siempre con acciones preventivas.

29. Hay que sumar ideas, personas, propuestas, estrategias.

30. Siempre se debe preparar el camino a la meta, así como también para atender a un cliente.

31. La organización y la planificación son vitales y deben considerar a cada persona que esté involucrada (interna o externamente) en el proceso.

CONCLUSIONES

- En la actualidad, estamos ante la oportunidad de cambiar la forma de gestionar los cobros.
- La fidelización no solo debe dirigirse a los clientes, sino también a los colaboradores.
- La capacitación constante en el equipo será determinante. Sobre todo, la capacitación en neurocobranza y comunicación.
- El líder también debe practicar el neuroliderazgo.
- El servicio debe estar presente en lo interno y externo de la empresa, en los líderes a sus equipos y en los asesores a los clientes.
- El colaborador debe tener voluntad, debe dejarse guiar y comprometerse.
- Es importante ofrecer alternativas de pagos a los clientes durante la negociación.
- El análisis constante del comportamiento en la gestión de las carteras nos permitirá la toma de decisiones preventivas, así como estrategias asertivas.
- El abono inmediato es determinante en la demostración del compromiso y de la voluntad de pago de los clientes.
- Es importante pasar los clientes no contactados a clientes con compromisos de pago.
- La cartera de los clientes que se han comprometido a pagar no puede caerse.

AGRADECIMIENTOS

A mis padres, por su compromiso con mi educación. Y a mi abuela, además, por ser un ejemplo de voluntad.

Al Sr. Rubén Aguilar, por brindarme la oportunidad de incursionar en la carrera de la cobranza y dotarme de todos los conocimientos que me permitieron crecer.

Al Sr. Juan Lataste, por su confianza durante tantos años, y por enseñarme la administración de una empresa de cobranzas y el servicio desde un *outsourcing*.

A la Sra. Verónica Lataste, por guiarme en la toma de decisiones; en desarrollar mis habilidades estratégicas y analíticas, así como también a nivel personal.

A Diana Lorena Suárez, por su apoyo.

A mi equipo de trabajo, que me ha enseñado y me ha acompañado durante muchos años en diversas aventuras. En especial a Lander Cortés (analista de inteligencia de negocios), Meredith Rodríguez (líder y estratega de cobros), Nuvia Santana (BackOffice y líder comprometida), Karla Pérez (líder de cobranza comprometida), Frida de León (asesora comprometida), Ana María Silva (psicóloga y especialista en el recurso humano y mi capacitadora del equipo). Todos ellos me han hecho mejor persona y profesional.

ACERCA DEL AUTOR

La autora Itzel Miranda C. cuenta con 17 años de experiencia en el área de cobranzas, en la gestión de cartera de cuentas activas y castigadas en las prestigiosas empresas: Aguilar y Asociados, Marflex y Credichips. También tiene experiencia en la venta de servicios de cobranzas *(outsourcing)*, para entidades financieras y comerciales, en las que participa activamente en el diseño de políticas de seguridad de la información, elaboración de manuales, diseño de proyectos y áreas de cobranzas (*call center* y descuentos directos), así como de planes estratégicos para la cobranza.

Es partidaria de la capacitación de los equipos de trabajo para la creación de equipos de alto rendimiento, al igual que para su fidelización, pues en este tiempo el líder no puede llegar solo a la cima, ni limitarse a cumplir las metas.

Ha participado en numerosos congresos y seminarios del área de cobros y administración y posee una licenciatura de Administración de Empresas Turísticas, con un posgrado en Gerencia Ejecutiva, otro en Docencia Superior y una maestría en Docencia Superior e Investigación.

Made in the USA
Columbia, SC
28 June 2025

59786131R00076